巻頭グラビア

古代を生きた豪族たちの実像

金銅製冠
奈良県立橿原考古学研究所附属博物館 所蔵
奈良県斑鳩町にある藤ノ木古墳から出土した冠の復元模造品。古代日本には高度な加工技術があった。

古代日本にあった女王国

2世紀後半の日本列島の広範囲で起きた争乱・倭国大乱ののち、地方勢力の王たちは1人の女王を立てた。邪馬台国《やまたいこく》の誕生である。古代日本において女性首長は珍しくなく、卑弥呼《ひみこ》をはじめ、多くの女性首長が『古事記』や『日本書紀』（記紀）に登場する。

卜骨（ぼっこつ）
壱岐市教育委員会 提供
一支国の王都があった原の辻遺跡（長崎県壱岐市）から出土した占い用の動物の骨。神意を諮ることは古代社会で重要な意味を持っていた。

木製仮面
朝日新聞社 提供
奈良県桜井市の纏向（まきむく）遺跡から出土した仮面で、長さは縦約26cm、横約21.6cm。3世紀前半の土坑から発見され、邪馬台国畿内説をとれば、卑弥呼の時代のものになる。

沖ノ島の銅鏡
朝日新聞社 提供
女神が降臨した神の島とされる沖ノ島（福岡県宗像市）から出土した銅鏡。邪馬台国の女王・卑弥呼は魏の皇帝から100枚の銅鏡を授けられたと伝えられる。

ガラス小玉
伊都国歴史博物館 提供
伊都国があった福岡県糸島市の平原遺跡から出土した装身具で、被葬者は大きな力を持った女性首長だったと考えられる。

神話と歴史が交差する地

邪馬台国の女王は「鬼道《きどう》」という呪術を行い、人心を掌握した。こうした神祭りは女性だけでなく男性首長も行い、神聖王として君臨した。その最たる例が、日本海の交易で大きな力を持つようになった古代出雲王である。記紀に載る神話のうち4割近くが出雲系神話で占められている。

馬上の大首長像
島根県立古代出雲歴史博物館 所蔵
島根県出雲市の上塩冶築山（かみえんやつきやま）古墳からの出土品を復元したもの。

銅戈（どうか）**・硬玉製勾玉**（まがたま）
出雲大社 所蔵
島根県立古代出雲歴史博物館 提供
出雲大社に近い真名井遺跡（島根県出雲市）から出土したもの。銅戈は北部九州製、硬玉製勾玉は越の糸魚川で産出されたヒスイの可能性が高く、出雲の日本海交易を物語る遺物だ。

銅鐸　島根県立古代出雲歴史博物館 所蔵
島根県雲南市の加茂岩倉遺跡で発見された銅鐸。1ヶ所からの発見としては国内で最も多い39個もの銅鐸が一度に出土した。銅鐸は弥生時代を代表する祭祀具である。

未完成の玉類
島根県立古代出雲歴史博物館 所蔵
島根県安来市の大原遺跡から出土した加工途中の玉類。出雲の花仙山からは良質の碧玉、水晶、メノウなどが産出し、玉類の生産が行われた。

ヤマト王権を支えた鉄

3世紀後半、邪馬台国に代わってヤマト王権が成立すると鉄は爆発的に普及するようになる。当時の日本では鉄鉱石から鉄を生産することはできず、輸入に頼っていた。各地方勢力を傘下に治めたヤマト王権の力の源泉が鉄の交易権の独占である。鉄は富と権力の象徴だったのである。

甲冑類　大阪大学考古学研究室 所蔵
大阪府藤井寺市の野中古墳から出土した大量の甲冑。鉄の普及は武具や副葬品に大きな変化をもたらした。

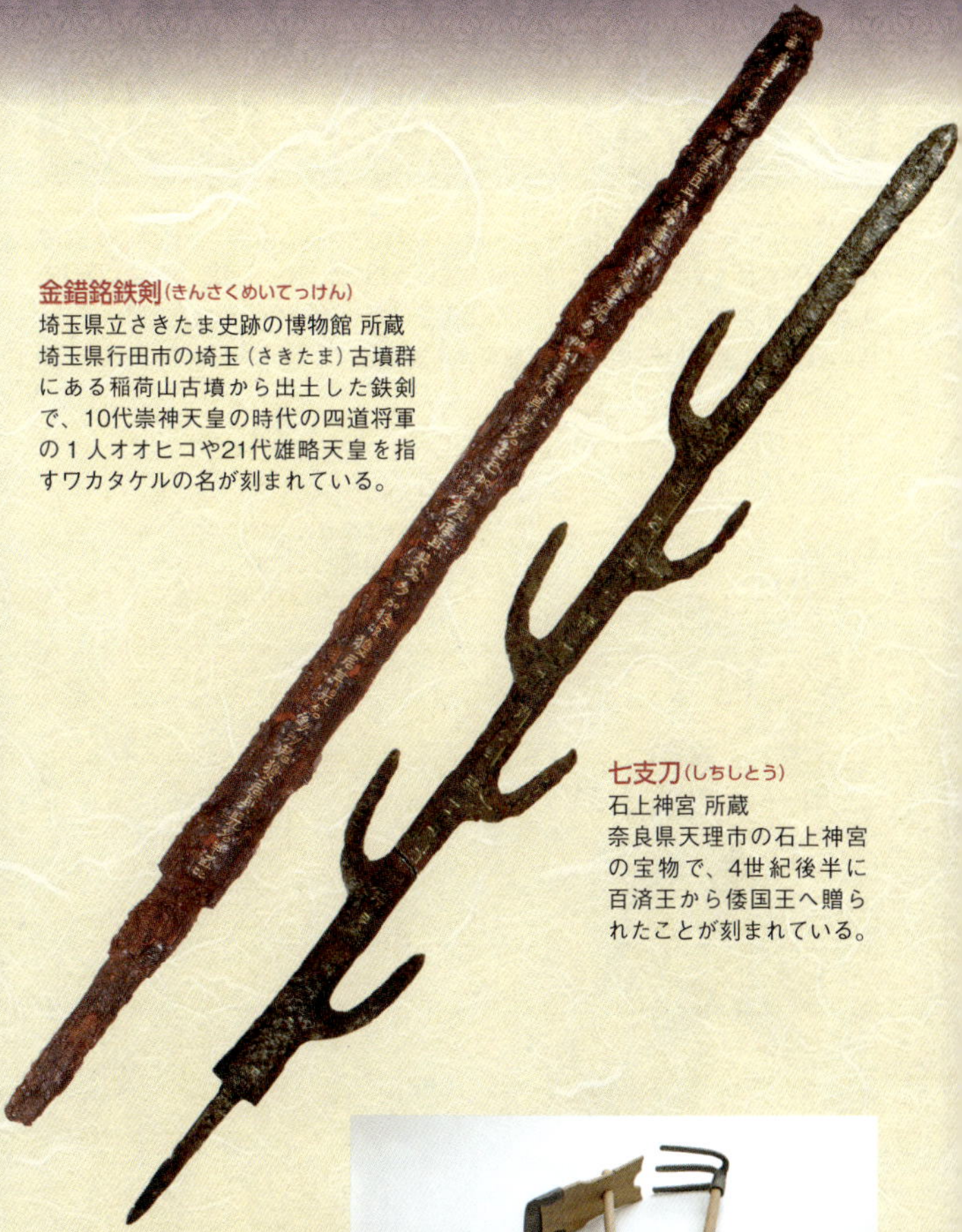

金錯銘鉄剣(きんさくめいてっけん)

埼玉県立さきたま史跡の博物館 所蔵

埼玉県行田市の埼玉（さきたま）古墳群にある稲荷山古墳から出土した鉄剣で、10代崇神天皇の時代の四道将軍の１人オオヒコや21代雄略天皇を指すワカタケルの名が刻まれている。

七支刀(しちしとう)

石上神宮 所蔵

奈良県天理市の石上神宮の宝物で、4世紀後半に百済王から倭国王へ贈られたことが刻まれている。

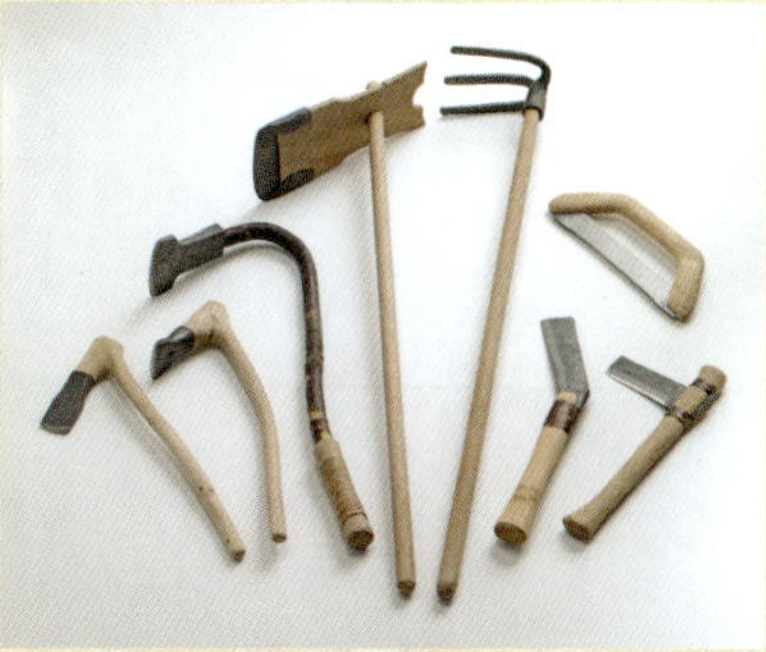

鉄製農工具

大阪府立近つ飛鳥博物館 所蔵

大阪府茨木市の紫金山古墳から出土した農工具の復元模造品。ヤマト王権が成立し鉄が普及すると、武具や副葬品以外に農具などの日用品にも鉄が使われるようになった。

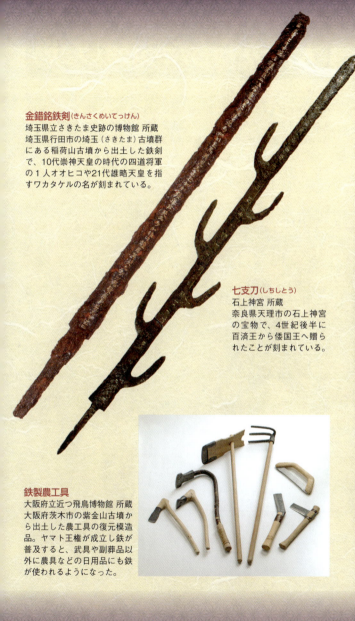

大陸からもたらされた馬

馬は5世紀になって初めて日本にもたらされたもので、その後すぐに国内で大規模に飼育されるようになった。この馬の生産を担ったのは、渡来人が多く移り住んだ河内平野や、ヤマト王権に仕えた上毛野（かみつけの）が治めた北関東である。馬の独占的な生産はヤマト王権の軍事力を支えた。

飾り馬埴輪（はにわ）
奈良県立橿原考古学研究所附属博物館 所蔵
奈良県石見町の石見遺跡から出土した装飾品がつけられた馬の埴輪。権力者の乗り物をかたどったものと考えられる。

金銅製馬具

奈良県立橿原考古学研究所附属博物館 所蔵

奈良県斑鳩町の藤ノ木古墳から出土したもので、豪華な装飾が施されている。6世紀後半になると大陸からの影響を受けた新しい文物が数多くもたらされた。

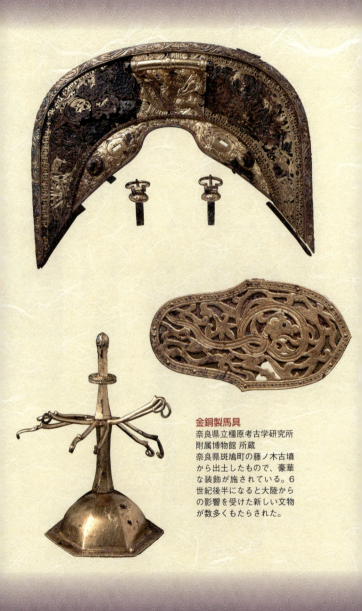

埴輪に見る古代人の姿

古墳時代特有の文化である埴輪は、古墳の墳頂部や埋葬施設に置かれた。当初は円筒形のものだったが、時代を下るごとに人や動物、家屋、乗り物などもかたどられるようになった。生前の暮らしを伝える埴輪から、古代を生きた人々の姿を見てみよう。

埴輪武装男子立像

東京国立博物館 所蔵

群馬県太田市から出土した人物埴輪。衝角付冑（しょうかくつきかぶと）、鋲留の挂甲、籠手、脛当、沓など豪華な装備で、当時の有力者の姿をかたどったものと考えられる。

靫(ゆき)形埴輪
奈良県立橿原考古学研究所附属博物館 所蔵
奈良県御所市にある宮山古墳から出土したもので、矢を入れる筒状の入れ物の靫をかたどっている。

人物埴輪　羽曳野市教育委員会 所蔵
大阪府羽曳野市の軽里4号墳から出土した５世紀の埴輪。首長ではなく、兵士と思われる。

船形埴輪　東京国立博物館 所蔵
宮崎県西都市にある西都原（さいとばる）古墳群から出土した5世紀の船の埴輪。ゴンドラ型の大型船だったと考えられる。

埴輪

島根県立八雲立つ風土記の丘 所蔵

島根県松江市の平所遺跡から出土した動物や家などの埴輪。動物は当時の人々に身近な存在で、埴輪でも多くつくられている。

埴輪男子

奈良国立博物館 所蔵

（撮影：森村欣司）

茨城県東海村で出土したと伝わる頭部の埴輪で、6〜7世紀の首長の姿と考えられる。

家形埴輪

奈良県立橿原考古学研究所附属博物館 所蔵

奈良県御所市の宮山古墳から出土したもので、有力者の邸宅をあらわしたもの。

女子倚像

東京国立博物館 所蔵

群馬県大泉町から出土した埴輪で、神に仕える神聖な巫女の姿を彷彿とさせる。

豪族たちが求めた威《い》信《しん》財《ざい》

ヤマト王権が地方勢力の盟主になり得たのは優れた文化力を持っていたことにもある。ヤマト王権が独占した輸入品や高度な技術でつくられた装飾品などを友好勢力に配布することで、ヤマト王権は優位性を示したのだ。

金銅製冠帽
東京国立博物館 所蔵
熊本県和水町の江田船山古墳から出土した高さ約16.5cmの金銅製の冠で、火焔文様の透かし彫りがほどこされている。

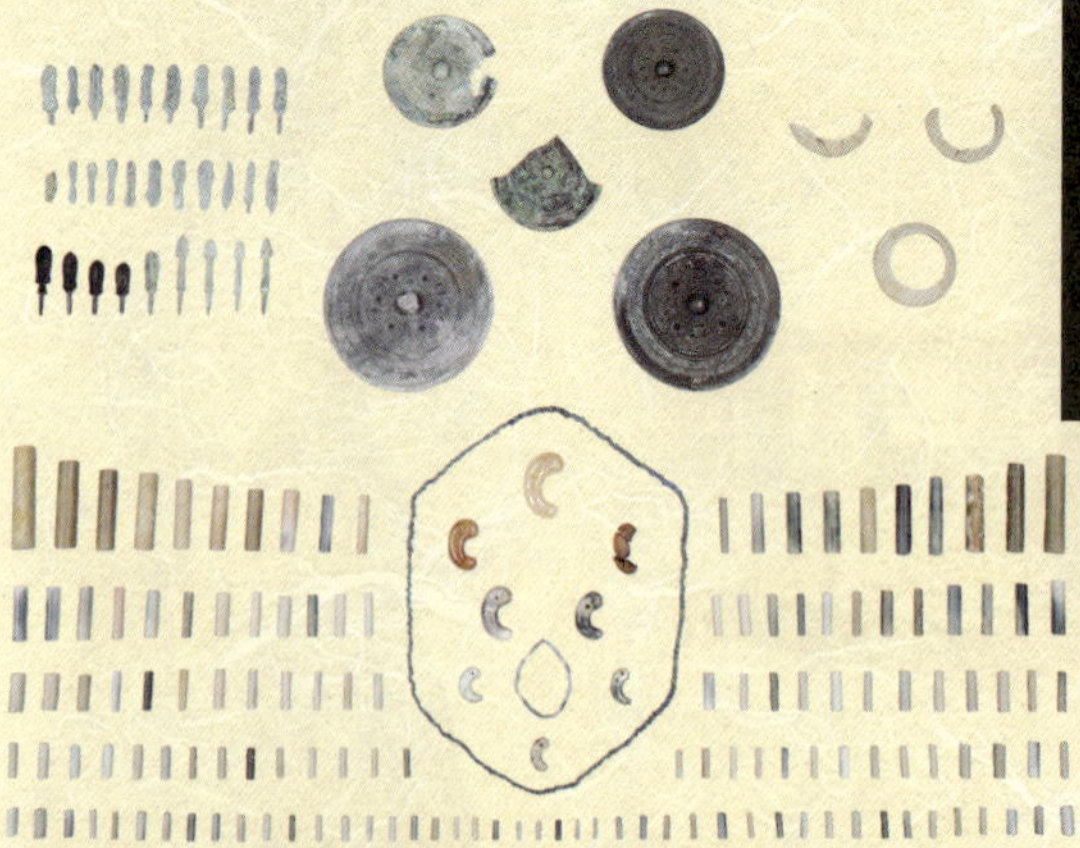

副葬品　東京国立博物館 所蔵
岐阜県本巣市にある船木山24号墳から出土した副葬品で、銅鏡や玉類などがあり、各地でつくられたものと考えられる。

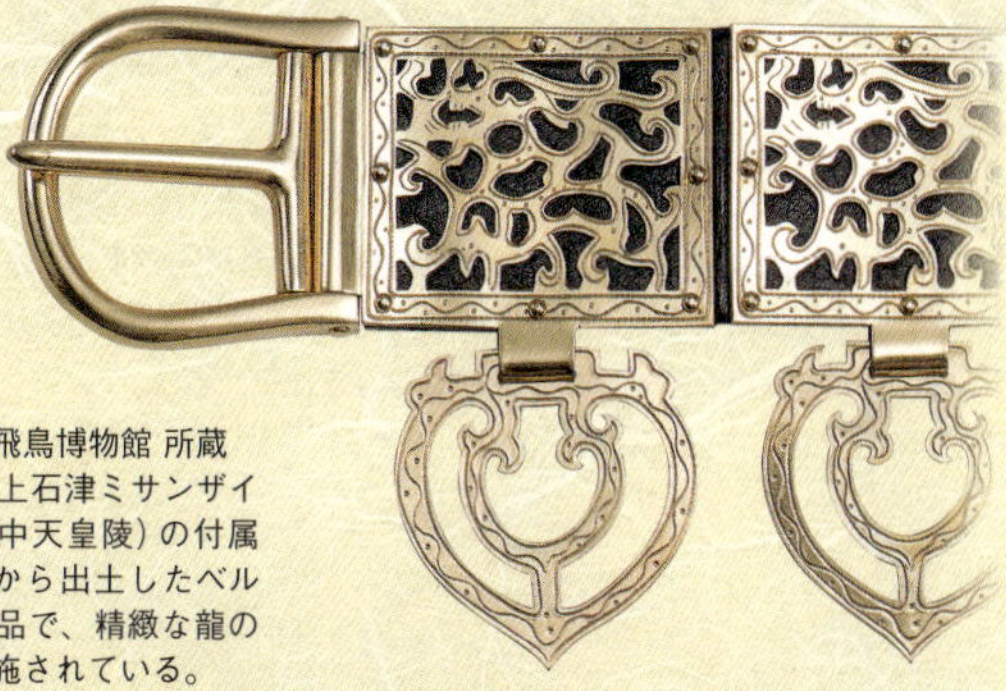

龍文帯金具

大阪府立近つ飛鳥博物館 所蔵
大阪府堺市の上石津ミサンザイ古墳（18代履中天皇陵）の付属墳・七観古墳から出土したベルトの復元模造品で、精緻な龍の透かし彫りが施されている。

金銅製履

奈良県立橿原考古学研究所附属博物館 所蔵
奈良県斑鳩町の藤ノ木古墳から出土した靴の復元模造品。実用性は低く、副葬品としてつくられたものである。

金製指環

東京国立博物館 所蔵
奈良県橿原市の新沢千塚126号墳から出土した、豪華な金細工が施された指輪で、副葬品には珍しく一対となっている。

書き換えられる古代史

令和５年（2023）、奈良県奈良市の富雄丸山古墳で古代史を揺るがす発見があった。これまでに例がない盾形の銅鏡と国内最大の蛇行剣が出土したのだ。これによって古墳時代初期から高度な鉄器の製造技術があり、さらに独自の文化の創造が行われていたことがわかってきた。新たな科学的手法によっても近年、新たな発見が相次いでおり、今後の報告が待たれる。

鼉龍文盾形銅鏡
（だりゅうもんたてがたどうきょう）

毎日新聞社 提供
富雄丸山古墳から出土した国内最大の銅鏡で、盾形は唯一の例である。

隠された古代史

記紀から消された古代豪族

瀧音能之　監修

宝島社新書

隠された古代史
記紀から消された古代豪族

―目次―

第2章 ヤマト王権と肩を並べた古代出雲王

第3章 記紀に記された「まつろわぬ神々」

第4章 ヤマト王権の日本統一戦争

第5章 ヤマト王権内の武力闘争

第6章 権勢を誇った五大豪族の興亡

第7章 記紀は歴史を改竄したのか

第1章

邪馬台国《やまたいこく》の女王・卑弥呼《ひみこ》のライバルたち

なぜ記紀には卑弥呼の記述がないのか

古代日本の最古の外交記録

日本に現存する最古の歴史書は、和銅5年（712）に編纂《へんさん》された『古事記』であり、最古の正史（王朝による公式な歴史書）は養老4年（720）編纂の『日本書紀』である。以降、この二書を「記紀」とする。記紀は、いずれも8世紀初頭に書かれたものであり、ヤマト王権の成立から400年以上のちのことである。

日本についての最古の記述は中国で3世紀末に編纂された、いわゆる『魏志』倭人伝だ。『魏志』倭人伝は『三国志』の中の「魏書」第30巻の付録部分である「烏丸鮮卑東夷伝《うがんせんぴとういでん》」に収録された「倭人条」のことで、漢字約2000字にわたって古代日本について記されている。ここには景初2年（238）に邪馬台国の女王・卑弥呼が中国の魏に使者を送り、皇帝から「親魏倭王」の称号と金印、銅鏡100枚を下賜されたことなどが記録されている。文字文献に残された日本と中国の最古の外交記録であり、ヤマト王権誕生以前の3世紀の日本の政治体制や軍事力、習俗などがわかる数少ない史料である。『魏志』倭人伝では、卑弥呼が登場する以前、70～80年ほどは男の王がいたが、倭国大乱と呼ばれる長期間にわたる戦乱期を迎えたことから、各国の王が卑弥呼を女王として共立することで、戦乱が収まったとされる。

魏の皇帝から破格の扱いを受け、倭国の統治者として認められた卑弥呼だったが、不思議なことに記紀のいずれにもその名が登場しない。記紀では、天上世界の主宰神であるアマテラスの孫のニニギが地上世界へ降臨し、そのひ孫のイワレヒコが初代神武天皇として即位し、日本が建国されたとある。この神から人への物語の変遷において、卑弥呼が登場することはないのだ。ヤマト王権誕生以前に大きな力を持っていた出雲の記述が多く記されていることと対照的である。

神功皇后紀に記された「倭女王」

記紀において、唯一卑弥呼についての記述があるのが、『日本書紀』巻9の神功皇后《じんぐう》紀だ。神功皇后は14代仲哀《ちゅうあい》天皇の皇后で、神懸《かみが》かりして神からのお告げを受けて朝鮮半島に出兵した人物で、実質的な女帝である。一般的には伝説上の人物とされるが、戦前には天皇の1人として認識されていた。この神功皇后摂政《せっしょう》39年条の記述の註釈として、『魏志』倭人伝に景初3年（239）に「倭女王」が魏の皇帝に使者を送ったことが記されているのだ（『魏志』倭人伝では景初2年となっている）。

ヤマト王権の誕生は、考古学的に3世紀末から4世紀にかけてと推定されるが、『魏志』倭人伝以降、4世紀後半まで古代日本の記述は残っておらず、邪馬台国からヤマト王権への移行の経緯ははっきりしていない。初代神武天皇の即位は記紀によると、紀元前660年と推定されるが、これに各天皇の在位年などを換算して計算すると、神功皇后摂政39年は西暦240年となり、景初3年（239）とほぼ一致する。

弥生時代の巫女
吉野ヶ里遺跡（佐賀県吉野ヶ里町）にある復元された弥生時代の巫女の様子。邪馬台国の女王・卑弥呼は「鬼道」という呪術を用いたと伝わる。

『日本書紀』は現在では失われた記録書である「帝紀」「旧辞《きゅうじ》」のほか、中国の各時代の歴史書を参考に編纂されている。『日本書紀』の作者は、日本の天皇の記録と、中国の記録との整合性を取る形で、「卑弥呼」＝「神功皇后」としたとも考えられる。

現在でも根強くある説が、「卑弥呼」＝「アマテラス」とする説だ。白鳥庫吉《くらきち》や和辻哲郎といった戦前の学者によって主張され、ヤマト王権誕生以前の時代＝

邪馬台国の時代を、記紀における天上世界などの神話の物語として残したというものだ。「卑弥呼」は『魏志』倭人伝における当て字であり、本来は「日の巫女」を意味するとし、太陽神としての性格が強いアマテラスとよく似ている。またアマテラスも卑弥呼も独身であり、両者とも男弟（スサノオ）が重要な役割を担うなど、共通点が多い。しかし、それならばわざわざ卑弥呼の名を隠し、神功皇后紀の注釈に倭女王の記述を入れることと矛盾することになる。少なくとも天皇家の記録上は、邪馬台国とヤマト王権の連続性はなかったということだろう。

また『日本書紀』は国際的に通じる漢文で、中国で「紀」と呼ばれる編年体（歴史を事系列で表記）と呼ばれる形式で書かれており、日本が中国と同様に文明国であることを対外的にアピールすることを意識したものとなっている。そのため「親魏倭王」として、中国と君臣の関係を結んだ卑弥呼の記述は、都合の悪いものとなっている。後述するが、5世紀になるとヤマト王権の5人の大王（讃《さん》・珍《ちん》・済《せい》・興《こう》・武《ぶ》）が、中国の王朝に使者を送り、4人が称号を受けている。この「倭の五王」についての記述も記紀には一切ない。8世紀になり、律令制を整えて法治国家として整備されるようになった日本は、中国と対等な関係を築くために、中国の記録に残る君臣の記述をあえて記さなかった。こうしたことから、卑弥呼もまた記紀から抹消されたといえるだろう。

卑弥呼以外にもいた巨大国家の女王

卑弥呼は北部九州の女王だったのか

卑弥呼について近年、再評価されている説が、九州の女性首長説である。古くは江戸時代の国学者・本居宣長《もとおりのりなが》が唱えた説で、卑弥呼はあくまでも九州の一地方首長であり、倭国代表を自称した、とする説である。4世紀以降に築造された古墳には、女性を被葬者としたものも多く、その規模は男性に劣らず、全国的に分布している。考古学者の清《せい》家《け》章《あきら》氏は、弥生時代後期以降の男女首長比率を6：4と推計しているほどだ。こうした女性首長の1人が卑弥呼だった可能性もある。

邪馬台国の所在地について『魏志』倭人伝の記述が正確ではないため、大きく畿内説と九州説があるが、九州の女性首長説は九州説の1バージョンということになる。その最有力候補ともいえるのが、福岡県糸島市にある平原《ひらばる》遺跡の被葬者だ。平原遺跡の1号墓は弥生時代終末期の墳丘墓で、約14×12メートルの四隅が丸い長方形で、中央に木棺

平原遺跡出土
内行花文鏡（10号鏡）
文化庁 所蔵
伊都国歴史博物館 提供
福岡県糸島市の平原遺跡から出土した国内最大の内行花文鏡で、直径は約46.5cm。

が埋葬されていた。ここからは中国で女性が身につける耳飾りや玉類などが出土したことから被葬者は女性首長だったと考えられる。さらに日本最大の直径約46・5センチの内行花文鏡《ないこうかもんきょう》を含む40面もの銅鏡が意図的に割られた状態で発見され、何らかの呪術的な祭祀が行われたと考えられる。記紀でアマテラスからニニギに授けられ、皇位継承のレガリア（王権の象徴物）となった三種の神器の一つ・八咫鏡《やたのかがみ》もまた内行花文鏡といわれ、八咫＝約46センチとする説もある。

北部九州を治めた伊都《いと》国の女王

『魏志』倭人伝には、邪馬台国以外にもさまざまな国が出てくるが、このうち所在地がわかっているのが、対馬国（対馬）、一支国《いき》（壹岐）、末盧国《まつら》（佐賀県唐津市）、伊都国（福岡県糸島市）、奴国《な》（福岡県春日市）、不彌国《ふみ》（福岡県飯塚市）などで、いずれも玄界灘沿岸に位置する。平原遺跡の被葬者はこのうちの伊都国の女性首長と考えられる。

これらの国々には、いずれも辺境守備を担ったと考えられる役職・ヒナモリ（卑奴母離）が置かれたが、伊都国にはその名が見えない。また不彌国の次に登場する投馬国の所在地はわかっていないが、ヒナモリではなく、ミミ・ミミナリ（弥弥・弥弥那利）という異なる役職が置かれていることから、玄界灘沿岸部ではないと推測できる。

ヒナモリが置かれなかった伊都国には、特別な役職が存在した。『魏志』倭人伝には、「女王国より以北に一大率《いちだいそつ》を置き、特に検察す。諸国は之れを畏れ憚《はばか》る。伊都国に常治す。国中に於ける刺史の如く有り」とあり、一大率が諸国を監督する立場だったことがわかる。

『日本書紀』には10代崇神《すじん》天皇の時代に穴門《あなど》（関門海峡）で、伊都国の王を連想させる名の「伊都都比古《いつつひこ》」という人物が「吾は是の国の王なり」と名乗った記述があり、古代の北部九州において、伊都国が大きな影響力を持っていたことがうかがえる。伊都国王が卑弥呼であったか否かは議論が分かれるが、北部九州に強大な力を持った女王国が

平原遺跡（福岡県糸島市）
伊都国の王墓と考えられる1号墓は弥生時代末の造営で、副葬品から被葬者は女性首長だったと考えられる。

あったことは出土品や『魏志』倭人伝の記述から明らかといえる。

一方で、卑弥呼は女王ではなかったとする説もある。中国の正史は、中国を文化の中心として、そこから離れるほど未開国とする、中華思想に基づいて記されている。例えば、「倭」は「小さい人」を意味し、「卑弥呼」の当て字も蔑称といえる。中国では、儒教に基づいた身分秩序こそ文明国の証であり、女性が王や皇帝になることは考えられなかった。そのため、『魏志』倭人伝では未開国の日本の王を女性にしたとするものだ。歴史学者の遠山美都夫氏は、卑弥呼は女王ではなく、「征夷大将軍」のような役職だったとする「卑弥呼機関説」ともいえる大胆な推論をしている。

『後漢書』東夷伝に記された最古の倭王

中国の歴史書に記された倭国王

『魏志』倭人伝の人物というと卑弥呼が有名だが、『魏志』倭人伝ののちに書かれた『後漢書』東夷伝には、卑弥呼よりも前の倭国王だった男王について記されている。『後漢書』東夷伝には、卑弥呼が魏に使者を送る約150年前の永初元年（107）に倭国王の帥升《すいしょう》が、後漢の6代安帝に対して生口《せいこう》（奴隷）160人を献上し、謁見を願い出たことが記されている。『魏志』倭人伝においても、卑弥呼を共立する経緯として、それ以前に男王がいたことが記されている。

ただし、『後漢書』東夷伝の写本には、倭国王を「倭面土国王」「倭面上国王」「倭面国王」「倭面土地王」などと表記されていることもあることから、帥升は倭国内にある面土《めど》国の王にすぎないとする説もある。あるいは、「倭面土国王」は「倭国王国王」の誤植とする指摘もある。この帥升についても記紀には一切の記述がない。一方で、中国

墳丘墓と甕棺墓（かめかんぼ）
吉野ヶ里遺跡（佐賀県吉野ヶ里町）に復元されたもので、北部九州では甕棺墓に遺体と副葬品を入れて埋葬した。

の歴史書では倭国の人名や地名は蔑称となる当て字が使われることが多い中で、「帥升」は特異な人名であり、中国側からも優れた人物として認められていたかがうかがえる。

さまざまな説がある帥升の王都

では、プレ邪馬台国ともいえる帥升の王都はどこにあったのだろうか。第1の候補は、弥生時代末の中心地だった伊都国だ。平原遺跡から出土した銅鏡は後漢鏡を主体としており、中国と交流した帥升の王都としてふさわしい条件を備えている。

第2の候補は、弥生時代の最大規模の環濠集落である佐賀県吉野ヶ里町の吉野ヶ里遺跡である。考古学者の七田忠昭氏は、

「面土」は古墳時代の行政区だった筑紫米多《めた》国に通じ、現在の佐賀県上峰町米多や吉野ヶ里町目達原《めたばる》に面土国があったと推測している。吉野ヶ里遺跡の周辺にある首長クラスの墳丘墓から、中国製の鏡や刀剣などの副葬品が出土している。また上峰町の二塚山古墳と五本谷遺跡からは後漢時代の鏡も見つかっており、いずれかが帥升の墓だった可能性がある。

伊都国と吉野ヶ里遺跡の説はいずれも邪馬台国九州説の立場だが、これに対して畿内説をとるのが第3の候補である楯築《たてつき》墳丘墓である。岡山県倉敷市にある楯築墳丘墓は、弥生時代後期の2世紀中頃に築造されたもので、全長は約83メートルあり、当時の国内最大級の墳丘墓である。楯築墳丘墓の埋葬施設には、当時としては入手困難な水銀朱が32キロも用いられていた。朱は邪悪なものを避ける聖なる色であり、被葬者は高いランクの人物だと考えられる。

考古学者の松木武彦氏は、この楯築墳丘墓が帥升の王墓だった可能性を指摘している。北部九州では素焼きの大型の甕《かめ》を棺にし、豪華な副葬品をともに収めた甕棺墓《かめかんぼ》が埋葬施設に用いいた。これに対して、3世紀以降の畿内のヤマト王権では巨大古墳が造営されるようになった。この両者をつなぐ中間段階のものが楯築墳丘墓であると推測している。

中国との交流が盛んな北部九州は経済的に発展していたが、日本列島の西に位置する

楯築墳丘墓（岡山県倉敷市）
2世紀中頃における最大級の墳墓で、埋葬施設に貴重な朱が大量に用いられていた。

ために日本全体を掌握するのには不向きだった。また九州は平野部が少なく、多くの農業生産量は見込めない。そのため、権力の中枢が徐々に東へと移行していった。この権力移行の過渡期において一時的に吉備（岡山県）が倭国の中心、すなわち帥升の王都となったのではないかという。実際に卑弥呼の墓ともいわれる奈良県桜井市の箸墓古墳では、吉備独特の特殊器台と呼ばれる土器が用いられている。

吉備は古代日本において重要な役割を担うとともに、たびたびヤマト王権に対して反乱を起こしている。こうした反乱の背景には、旧都としてのアイデンティティがあったのかもしれない。

紀元前にあったもう一つの倭国大乱

稲作とともにもたらされた戦争

卑弥呼が諸国の王たちによって共立された契機となったのが倭国大乱と呼ばれる全国規模の争乱で、『魏志』倭人伝には70〜80年間、「倭国乱」があったとある。さらに、この倭国乱の前の紀元前4世紀から紀元後1世紀にかけての約400〜500年もの長期間にわたって、争乱の時代があった。

狩猟採集社会と異なり、稲作は大規模に行えば行うほど、より生産性が高くなる。10人よりも100人の方が1人当たりの生産量は多くなるのだ。そのため、稲作がはじまってしばらく経つと、より大規模に稲作を行うために水や土地を巡って争いが繰り広げられるようになった。稲作では、渡来人によって土木技術や農具、臼や杵などの脱穀機、貯蔵庫（高床式倉庫）などの先端知識がもたらされた。そして、土地争いをめぐる解決方法として日本に持ち込まれたのが「武力による解決」＝戦争である。

弥生時代に出土した人骨には、銅剣で突き刺された頭蓋骨や、石剣が背に刺さったもの、首がないものなどがあり、現在までに100例を超える戦死者が報告されている。その多くは北部九州の玄界灘沿岸だが、大阪府や兵庫県でも出土例がある。また紀元前1世紀頃には、東海地区や南関東でも堅固な防御施設を持ったムラが登場する。

乱杭と環濠

吉野ヶ里遺跡(佐賀県吉野ヶ里町)に復元されたもので、集落全体を濠と柵で囲い、乱杭と呼ばれる防御設備を備えている。

縄文時代の人骨は4000~5000人分発見されているが、殺害された痕跡が残るのは10人ほどで、弥生時代に入ると格段に戦闘行為が増えたことがわかる。伐採用の斧や狩猟用の弓矢が対人間に用いられることは縄文時代にもあったが、人の殺傷を目的とした武器がつくられることはなかった。ところが、弥生時代になると対人武器が急速に発展していく。

西日本における縄文時代の矢尻の長さは3センチ未満、重さも1グラム未満のものがメインで、2グラムを超えるものはほとんどなかった。軽く短い矢は持ち運びに便利で、遠くまで飛ぶために狩猟には最適だったからだ。これに対して、弥生時代になると3センチ以上、2グラム以上の矢尻が増え、5グラムを超えるものも多い。狩猟対象は変わっていないので、対人用の武器と考えられる。

争乱による「クニ」の誕生

記紀では、こうした争乱について詳しくは記されていないが、天上世界の神々が地上世界の統治に乗り出す際にアマテラスの子のアメノオシホミミが派遣されるシーンがある。ところがアメノオシホミミは、天浮橋《あめのうきはし》に行き地上世界を見たところ、乱れて騒がしい様子に恐れをなして戻ってきてしまった。ヤマト王権誕生以前には争乱状態があったことを示しているとも読み取れる。

弥生時代がはじまった当初の集落遺跡では防御施設は特に存在しなかった。ところが紀元前4世紀の終わりほどになると、低い台地上に濠を巡らした環濠集落が出現した。朝鮮半島で環濠集落が誕生したのが、日本で争乱がはじまる約1000年前の紀元前500~前400年頃であり、稲作とともに戦争の手段も日本に伝わったのである。

やがて平野部で稲作を行う一方で、人々が住むムラは、敵を早い段階で発見でき、狼煙《のろし》によって周辺地域に危機を知らせることができる高地性集落になっていった。わざわざ不便な高地にムラをつくるほど、争乱が広がっていったのである。

妻木晩田遺跡（鳥取県大山町）
標高100mほどの尾根上につくられた高地性集落。争乱によって稲作を行う里から離れた高地に住居がつくられた。

高地性集落の出現が集中する時期は3回あり、1回目は紀元前1世紀～後1世紀頃、2回目は倭国大乱があった2世紀頃、3回目はヤマト王権が誕生した3世紀後半から4世紀初頭である。倭国大乱以前に日本国内で争乱状態が続いていたことがわかる。稲作とともに地域統合が進み、やがて「クニ」が形成されていったためと考えられる。プレ倭国大乱ともいえるこうした戦乱ののちに帥升が登場したのだ。

『後漢書』東夷伝では、帥升が後漢の皇帝に生口を160人も献上したことが記されているが、倭国王となる前に小国間の戦いがあり、生口は戦争捕虜だった可能性も指摘されている。

倭国大乱を引き起こした異常気象と鉄の普及

黄色く染めた空がもたらした争乱

倭国大乱は、帥升が後漢に使者を送った永初元年（１０７）と卑弥呼が魏に使者を送った景初３年（２３９）の間にあった出来事となる。『魏志』倭人伝では、「倭国乱」は卑弥呼が共立される前の70～80年間にあったとされ、『後漢書』東夷伝ではより具体的に、後漢の11代桓帝（在位１４６～１６７年）と12代霊帝（在位１６８～１８９年）の間に「倭国大乱」があったと記されており、後者では争乱の期間は約40年間ということになる。さらに『梁書《りょうしょ》』倭伝では霊帝の光和年間（１７８～１８４年）のピンポイントで「倭国乱」があったことが記されている。

この時期に大規模な争乱があったのは日本だけではない。卑弥呼は魏の皇帝に使者を送ったが、魏は前漢滅亡後に分裂した3国の一つである。有名な『三国志』の時代だ。前漢の滅亡のきっかけになったのが、１８４年に起きた黄巾《こうきん》の乱である。反乱軍は黄色

弥生時代の秋の水田模型
大阪府立弥生文化博物館 提供
弥生時代には稲作が普及するが、181年から184年にかけて世界規模で起きた異常気象によって米の生産量は著しく減少したと考えられる。

の頭巾をトレードマークとしたが、これは「蒼天すでに死す、黄天まさに立つ」をスローガンにしたためだ。「蒼天」とは、天から統治権を授けられた漢王朝の皇帝を指す。では、なぜ反乱軍は「赤い天」でも「白い天」でもなく、「黄色い天」としたのか。これに対して近年、古気象学の分野から一つの報告が出された。

181年、ニュージーランド北島のタウポ火山が大噴火を起こし、噴煙が世界中に広がった。この大噴火の噴煙の痕跡は南極やグリーンランドの氷に記録されている。『後漢書』には、181年から184年にかけて噴煙による異常気象による冷夏や干ばつ、大寒波が記録されており、飢饉《ききん》が発生した。こうした中で黄巾の乱が起きたのである。コンピュータ解析による気候シミュレーションでは、この噴煙によって中国上空が黄色に染まったことがわかった。

ピナツボ火山の粒子モデル
1991年の噴火では、生成された二酸化硫黄と粉塵が世界中に飛散し、各地で異常気象を引き起こした。

この異常気象は日本でも起きており、倭国大乱時に寒冷化したことが大阪湾から採取された物質の分析で確認されている。

1991年のフィリピンのピナツボ火山の噴火による寒冷化では、日本の平均気温は2度程度低下した。これによって、1993年の収穫量は、平年を100とした場合、全国平均で70まで落ち込んだ。地域によっては10まで下がり、全滅状態となった。品種改良が進んだ現在でさえ、寒冷化は深刻な不作をもたらすが、弥生時代の原始的な稲作では影響は甚大だったことだろう。

鉄をめぐる諸国の主導権争い

紀元前のプレ倭国大乱がムラ同士の戦いだったのに対して、2世紀の倭国大乱はクニ同士の戦争となった。『後漢書』東夷伝では、「こもごも相攻伐し、歴年主なし」と記されており、倭国を代表する王が存在しなかったことがわかる。

帥升が倭国王となった2世紀初頭には、日本列島各地で稲作が普及し、これに伴って農具や土地開発のために用いる鉄の需要が高まった。そのため、鉄を供給するための物流網が急速に発展することになる。2世紀には、高地性集落の出現が2回目のピークを迎え、瀬戸内海沿岸や東海地域などに多く見られる。こうした物流をめぐる覇権争いが倭国大乱の原因とする見方もある。倭国大乱を経て、北部九州で大きな力を持っていた伊都国に一大率が置かれた。これによって、物流の再編成が達成されたのである。

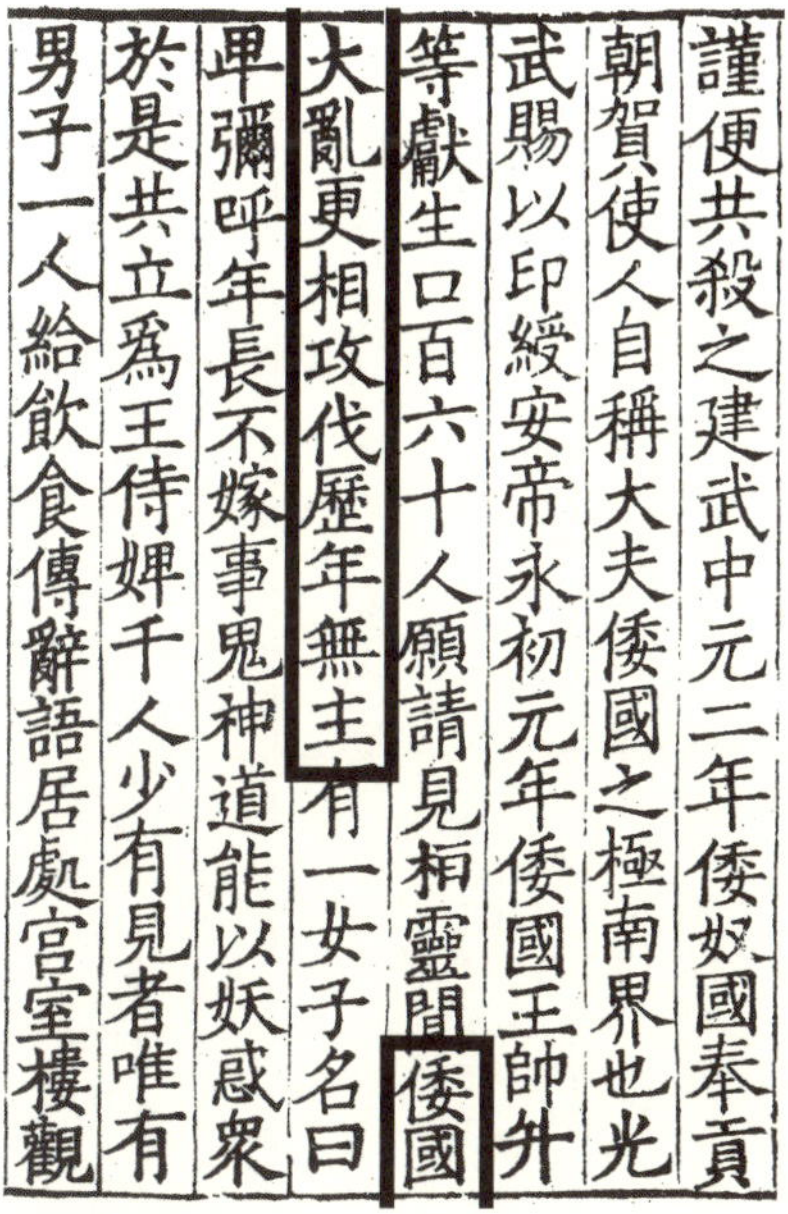
謹便共殺之建武中元二年倭奴國奉貢
朝賀使人自稱大夫倭國之極南界也光
武賜以印綬安帝永初元年倭國王帥升
等獻生口百六十人願請見桓靈閒倭國
大亂更相攻伐歷年無主有一女子名曰
卑彌呼年長不嫁事鬼神道能以妖惑衆
於是共立爲王侍婢千人少有見者唯有
男子一人給飲食傳辭語居處宮室樓觀

『後漢書』東夷伝
右から4～5行目に「倭国大乱」「相攻」「歴年無主」といった記述が見える。

紀元前の倭国をリードした奴国《な》

伊都国と覇権を争った大国

2世紀になると北部九州では伊都国が大きな力を持つことになり、帥升の王都、さらには邪馬台国そのものとする説もある。この伊都国のライバルだったのが隣国の奴国である。『後漢書』東夷伝には、建武中元2年（57）に「倭奴国」の王が後漢の初代光武帝に使者を送ったことが記されている。これ以前に中国に使者が送られた記録はないので、文献上は奴国王が中国と外交を展開した最初の王ということになる。次に中国に使者を送るのは50年後の帥升である。

奴国王は光武帝から金の印綬を下賜された。この金印は江戸時代の天明4年（1784）に福岡県福岡市の志賀島《しかのしま》から発見されている。この金印については偽物説もあるが、さまざまな研究から真印であることが定説となっている。

金印には「漢委奴国王」と刻まれており、「委」は「倭」を簡略にしたものだ。一般的には倭国の中にある奴国の王とするが、中国王朝は北の異民族を「匈奴《きょうど》」と呼んだことから、匈奴に対して倭人を「倭奴《わど》」とする説があり、この場合、倭国王の別称ということになる。ただし、『後漢書』東夷伝では、奴国の位置を「倭国の極南界なり」と記されていることから、奴国はあくまでも倭国の中の一国と考える方が妥当だろう。

『魏志』倭人伝では、奴国には2万余戸があり、これは邪馬台国の7万余戸、投馬国（所在地は諸説あり）の5万余戸に次ぐ規模だ。奴国には博多湾、伊都国には唐津湾という天然の良港がある。北部九州のプレ倭国大乱は、やがて奴国と伊都国という海上交易を握る両者の主導権争いとなった。当初は奴国がリードしていたものの、やがて伊都国に主導権を奪われ、邪馬台国成立とともに、伊都国の一大率による管理に移行したといえるだろう。

「漢委奴国王」金印
福岡市博物館 所蔵
天明4年（1784）に福岡県福岡市の志賀島から発見されたもので、総高2.236cm、紐高1.312cm、重さ108.729g。

邪馬台国第二の国・投馬《とうま》国はどこか

5万余戸を有する倭国の大国

卑弥呼が諸国の王たちによって共立され、邪馬台国連合が形成されたが、この中で特に大きな力を持っていたと考えられるのが、投馬国である。『魏志』倭人伝では、邪馬台国の戸数が7万余戸に対して、投馬国は5万余戸とあり、邪馬台国に肩を並べる大国だったことがわかる。また不彌国までの北部九州諸国はヒナモリという役職が置かれたが、投馬国では長官としてミミ（弥弥）、副官としてミミナリ（弥弥那利）という役職が置かれた。

邪馬台国九州説では、文献学的な地名考証から「投馬」が「ツマ」に通じるとして、日向（宮崎県）の都萬《つま》神社周辺、あるいは薩摩《さつま》（鹿児島県）とする説がある。記紀で天孫ニニギが降臨した伝承地であり、その後、神武天皇が大和へ向けて東遷に旅立った場所だ。邪馬台国の実質的な盟主の力を備えた投馬国の比定地としてふさわしい。あるい

『魏志』倭人伝における距離と方位は正確ではなく、このことが邪馬台国や投馬国の位置が確定しない要因となっている。

は有明海に面した筑後（福岡県南部）の上妻郡・下妻郡、三潴《みづま》郡を比定する説もある。ちなみに九州説では、筑後にある山門《やまと》郡が邪馬台国の比定地の一つになっている。

水行の日本海ルートと瀬戸内海ルート

一方、畿内説をとる場合は、二つの有力候補がある。当時の中国では日本列島の位置が現在よりも南の台湾沖に位置し、南北に伸びた島国と考えられていた。そのため、畿内説では『魏志』倭人伝の「南」の記述は実際の東と読み替える。

中国の歴史書では倭国以外の周辺国についての記述は『魏志』倭人伝同様、距離や方位などは不正確なものが多い。例えば、7世紀に記された『梁書』における日本の位置は記述通りでは太平洋を飛び越え、中南米あたりになってしまう。この距離と方位の不正確さがいまだに邪馬台国の位置が確定しない一因となっているが、不彌国→投馬国が水行20日、投馬国→邪馬台国が水行10日陸行1ヶ月から、日本海か瀬戸内海のいずれかの沿岸部と考えられる。3世紀の遺跡の規模や集中度、土器の独自性などから見ると、日本海側ならば出雲、瀬戸内海側ならば吉備が候補となる。

イヅモの「イ」は古語では強調のための接頭語であり、「ツモ」は「ツマ」に通じるため、地名考証的にも無理がない。一方、吉備は前述した国内最大級の墳丘墓である楯築墳丘墓があり、特殊器台と呼ばれる独自の祭祀土器は、その後の前方後円墳に用いられ、ヤマト王権への影響力が大きい。

出雲と吉備のどちらも投馬国にふさわしいが、出雲が投馬国だとすると、3世紀に北部九州、大和に次ぐ第3勢力だった吉備の記述が『魏志』倭人伝からすっぽりと抜け落ちてしまうことになる。

『魏志』倭人伝の距離や方位の記述は不正確だが、その国の規模や軍事力、政治体制については、同盟などを結ぶ際に重要になってくるために比較的正確に記されている。その場合、吉備についての記述がないのは不自然だ。

第2章で詳しく解説するが、記紀と同時期に編纂された地誌『出雲国風土記《ふどき》』では、出雲が王権に組み込まれずに独自の支配地域を維持した記述がある。ここから、出雲は邪馬台国連合に加わらないが、敵対もしない地方勢力だったのかもしれない。このように考えると、投馬国は吉備が妥当となるが、結論を導き出すまでにはさらなる研究や発掘成果が必要だ。

特殊器台
島根大学法文学部考古学研究室 所蔵
島根県出雲市の西谷3号墳から出土した吉備系の特殊器台と特殊壺。投馬国の比定地の吉備と出雲は有力国同士で交流を持っていた。

邪馬台国に対抗した大国・狗奴《くな》国の実態

地名から推測される狗奴国比定地

2世紀の倭国大乱によって、諸国の王は卑弥呼を共立するが、すべてのクニがこの連合に加わったわけではない。中でも『魏志』倭人伝に登場する狗奴国は、邪馬台国に敵対する強大な国として登場する。

『魏志』倭人伝では、「奴国あり。これ女王の境界の尽くる所なり。その南に狗奴国あり。男子を王となす、その官に狗古智卑狗《くこちひこ》あり」とある。また「倭の女王卑弥呼、狗奴国の男王卑弥弓呼《ひみここ》と素《もと》より和せず」とあり、両国は戦争状態となったことが記されている。戦局は必ずしも邪馬台国に有利だったわけではなく、正始4年（243）に卑弥呼は8人の使者を魏に再び送り援助を求めた。正始6年（245）、魏は官軍を意味する黄色の旗・黄幢《こうどう》と檄文《げきぶん》を使者の1人・難升米《なしめ》に与え、官吏の張政が派遣された。しかし、この狗奴国との戦争の最中の正始8年（247）に卑弥呼は死去している。

高尾山古墳（静岡県沼津市）
230年頃に造営された前方後方墳で墳丘長は約62mと当時最大級の規模を誇る。

狗奴国の位置は諸説ある。邪馬台国九州説ならば、「狗奴」が「クマ」「クマソ」に通じることから熊本平野や球磨《くま》川流域、「狗古智卑狗」は「キクチヒコ」であり、菊池川流域という説がある。いずれにしても熊本県あたりとなる。

畿内説では、「狗奴」を「熊野」として、和歌山県あたりとする説がある。しかし、熊野には強大なクニがあった遺跡は発見されていない。最も遠い説が毛野《けの》（北関東）で、実際に2〜3世紀には大規模な集落や巨大な墳墓がつくられた。

邪馬台国連合に対抗した狗奴国連合

近年、有力視されているのが東海地方だ。奈良県桜井市にある箸墓古墳は、墳丘長約278メートルの巨大な前方後円墳であり、造営時期が卑弥呼の死去した時代と重なることから、卑弥呼の墓とする説がある。3世紀中頃の有力者の墓を見ると、箸墓古墳と同様の前方後円形の首長墓が西日本に分布する。ところが、東日本の首長墓の多くは西日本とは異なる前方後方形となっている。

静岡県沼津市にある高尾山古墳は、全長約62メートルで卑弥呼が死去した3世紀中頃に造営された最大級の前方後方墳である。出土した土器類は、畿内のものは全くなく、北陸や東海西部、関東のものばかりであり、畿内にあった勢力とは異なる独自勢力だったことがわかっている。

この東日本の勢力の中心は、伊勢湾に面した濃尾平野の尾張（愛知県西部）だったと考えられている。前方後方形の墳墓の原型は濃尾平野にあり、やがて東に拡散していった。愛知県名古屋市の朝日遺跡からは、この地域独自のパレススタイル土器と呼ばれる赤彩土器や、祭祀に用いられた入れ墨の入った顔が描かれた線刻人面土器、S字甕などが出土している。

さらに先を尖らした杭を並べる乱杭《らんぐい》や、枝の張った樹木を外側に向けて並べる逆茂木《さかもぎ》などの独自の防御設備を持ち、当時の戦いの激しさがわかる。乱杭や逆茂木は中世にも武士同士の戦いに用いられた防御能力の高いバリケードである。矢も独特で、長い五角形の矢尻を用いた。弥生時代を代表する祭祀道具に銅鐸があるが、近畿式と異なる形状

卑弥呼が死亡した3世紀中頃には畿内から北部九州にかけて瀬戸内海に広がる勢力と、東海から東日本に広がる勢力で分かれていた。

を持つ三遠《さんえん》式銅鐸が三河・遠江《とおとうみ》地方（愛知県東部・静岡県西部）を中心に限られた範囲に分布している。こうしたことから狗奴国は濃尾平野にあったとする説が有力となっている。

　邪馬台国と狗奴国の勢力範囲はどのようなものだったのか。３世紀中頃までの首長墓の分布を見ると、前方後円形が畿内から瀬戸内海、北部九州にかけて広がる。これに対して、前方後方形の首長墓は、伊勢湾から関東、北陸、新潟にかけて分布している。ここから、畿内－吉備－北部九州の邪馬台国連合と、濃尾平野を王都として東日本一体を勢力範囲とする狗奴国連合という二極対立の構図が見えてくる。

倭国で繰り広げられた魏と呉の代理戦争

国際情勢を利用して「親魏」の称号を獲得

邪馬台国連合と狗奴国連合の対立は、国際社会の影響も受けた。邪馬台国は魏の後ろ盾を得たが、呉もまた倭国に接触してきたのである。魏と呉は対立関係にあり、208年には赤壁《せきへき》の戦いで呉が勝利した。呉はさらに海上から魏へ侵攻しようと考えた。魏の背後に位置する遼東半島には、独自の地方勢力の公孫氏《こうそんし》がいたが、呉はこの公孫氏に使者を送り、協力を求めた。こうした中で、呉は海上補給のために倭国の協力も得ようとしたと考えられる。

文献上に呉と倭国の外交の記録は残っていないが、兵庫県と山梨県で呉の鏡が発見されており、呉が倭国との間に何らかの外交取引をしていたことがわかる。いずれの鏡にも呉の年号である赤烏《せきう》7年（244）が刻まれていた。狗奴国連合は、北陸や新潟も勢力下にあったことから、日本海航路を利用して大陸と結ばれている。

箸墓古墳（奈良県桜井市）
纏向遺跡の近くにある最初期の前方後円墳で、卑弥呼あるいは台与の墓とも考えられている。

中国に対して小国に過ぎない邪馬台国の女王・卑弥呼は「親魏倭王」の称号を授けられるが、この「親魏」の称号が倭国以外に授けられたのは、インドにあった大国クシャーナ朝への「親魏大月氏王」のみだ。これは、呉を牽制するために魏が破格の待遇で邪馬台国を遇したということになる。

『魏志』倭人伝では、卑弥呼の死後、男王が立てられたが国中が服従せず、卑弥呼の宗《そう》女《じょ》（同族の女性）である13歳の台与《とよ》（壱与《いよ》とも）を立てて王とすると国中が治まったという。台与は266年に魏の後継国家として建国された晋に使者を送っている。

邪馬台国連合と狗奴国連合の戦いの決着は、その後の中国の文献には出てこない。邪馬台国畿内説を取り、狗奴国が濃尾平野の勢力だったとすれば、卑弥呼の死後に邪馬台国連合に加わったと考えられる。卑弥呼の死後に就いた男王とは、邪馬台国連合に加わった狗奴国王とする説もある。

いずれにしても13歳の新しい女王が、男王を廃して新たに擁立され、狗奴国を参画させる大事業を行うことは困難である。そこには魏から派遣された張政の存在が大きかったはずだ。『魏志』倭人伝は、最後に張政を帰国させて終わっている。その後、邪馬台国は歴史から姿を消し、ヤマト王権が誕生するわけだが、文字文献は中国にも日本にも残されておらず、その経緯はわからない。

記紀では、古代日本で重要な役割を担ったはずの尾張の勢力についての記述が極端に少ない。大胆に推測すれば、卑弥呼の死後、張政の働きかけで邪馬台国連合に加わった狗奴国王が張政とともに台与を擁立したとも考えられる。しかし、張政が帰国後に後ろ盾を失った狗奴国と台与は表舞台から去ることになり、ヤマト王権という統一王朝が誕生したのかもしれない。

西殿塚古墳(奈良県天理市)
宮内庁によって26代継体天皇皇后である手白香（たしらか）皇女の陵墓に比定されているが、築造年代から台与の墓とする説が有力となっている。

第2章

ヤマト王権と肩を並べた古代出雲王

古代日本にあった五つの巨大勢力

日本誕生の文脈と異なる出雲神話

邪馬台国の所在地はいまだに結論が出ていないが、現在の皇室につながるヤマト王権の誕生の地ははっきりしており、奈良盆地の南東部とされている。一方で、『魏志』倭人伝をはじめ中国の歴史書では、邪馬台国の女王・台与が266年に晋に使者を送ったことを最後に古代日本の記述は途絶える。文献上の次の記述は、倭の五王と呼ばれた5人の大王が中国に使者を送った5世紀まで待たなくてはならない。ただ、奈良県天理市にある石上神宮《いそのかみ》が所蔵する七支刀《しちしとう》の銘文には、この刀剣が「泰和四年五月十六日丙午」に製作され、百済《くだら》王の世子が倭王に贈ったとある。この「泰和」は東晋の年号「太和」の音に当て字をしたものと考えられ、西暦369年にあたる。この段階ですでにヤマト王権が誕生し、朝鮮半島と外交を展開していたと考えられる。

266年から369年までの約100年間は謎に包まれており、「空白の4世紀」と

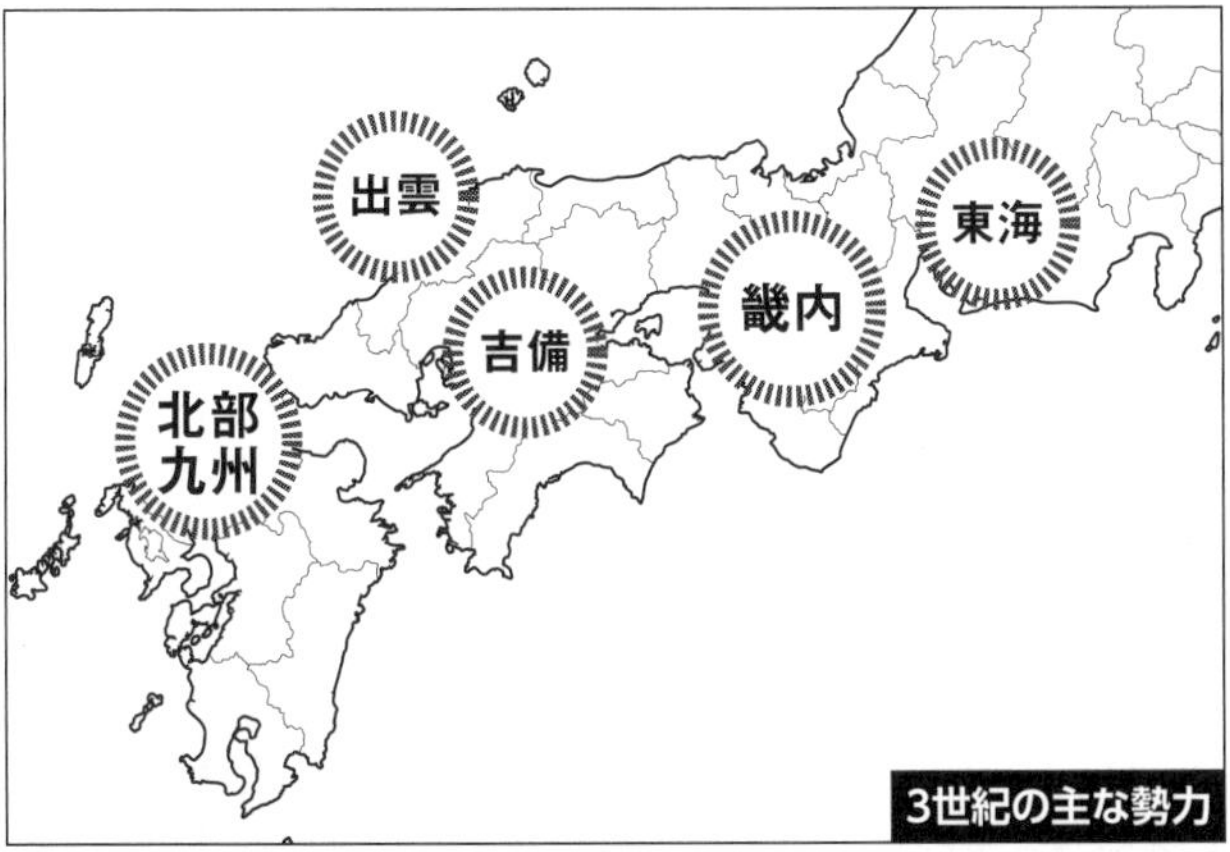

古代日本では、大陸との窓口である北部九州、日本海ルートの出雲、瀬戸内海ルートの吉備、農業生産力の高い畿内、東日本一帯に影響力のある東海といった勢力が存在した。

呼ばれる。一方で、記紀では日本の建国について詳細に記しており、天上世界の神々が地上世界の統治に乗り出し、アマテラスの孫のニニギが日向（宮崎県あたり）に降り立つ。このニニギのひ孫・イワレヒコが東遷し、大和に至って初代神武天皇として即位したことが記されている。

ここで不思議なのが出雲の存在である。記紀では、出雲のオオクニヌシが国土を開発し、地上世界＝出雲という文脈で語られる。そしてアマテラスからの使者に対してオオクニヌシが国を譲ることに同意する。こうしてニニギが降臨するわけだが、降臨地は出雲ではなく九州南東部だ。その後、記紀では神武東遷まで出雲の記述はほぼなくなる。

古代日本の五つの勢力

弥生時代の畿内を代表する遺跡が奈良県田原本町の唐子《からこ》・鍵《かぎ》遺跡と大阪府和泉市の池《いけ》上曽根《がみそね》遺跡である。唐子・鍵遺跡は近畿地方最大の環濠集落で、紀元前3世紀から後3世紀まで、第1章で紹介したプレ倭国大乱から邪馬台国時代に至る遺跡である。出土した土器には中国風の楼閣が描かれ、紀元前200年前後の国内最大級の大型建築物跡が見つかっている。

池上曽根遺跡の総面積は60万平方メートルを超え、北部九州の吉野ヶ里遺跡と並ぶ畿内の大集落遺跡である。発見された巨大建築物の柱を年輪年代法で測定したところ、紀元前50年前後であることが明らかになった。

畿内の環濠集落の特徴は、高地ではなく平地にムラがつくられ、濠が多重な点だ。また弥生時代の北部九州では副葬品に鏡を用いるが、畿内では見られない。祭祀道具においても、畿内や東海、淡路島、四国東部が銅鐸であるのに対して、北部九州から四国西部にかけては銅剣・銅矛といった武器型青銅器が用いられる（67ページ図参照）。両者には明らかに文化的な違いがあり、邪馬台国成立前の2世紀までには、両者は独自の文化圏を維持し続けた。

三角縁神獣鏡
島根県立古代出雲歴史博物館 提供
島根県雲南市の神原神社古墳から出土した三角縁神獣鏡で、「景初三年」の銘が入っている。

ここでも特異な存在なのが出雲である。島根県出雲市の神庭《かんば》荒神谷《こうじんだに》遺跡からは銅剣358本と銅矛16本が出土、そこからわずか3・5キロほどの加茂《かも》岩倉《いわくら》遺跡（雲南市）からは銅鐸39口が発見されている。また同じく雲南市の神原《かんばら》神社古墳からは卑弥呼が魏から「親魏倭王」に任命された年である「景初三年」の銘を有する三角縁神獣鏡が出土している。出雲は、北部九州と畿内の両方の文化圏と交流を持っていたことになる。古代日本は、北部九州と畿内という二大文明圏、瀬戸内海ルートの吉備と日本海ルートの出雲という海上流通を支配した二つの海洋国、さらに狗奴国があったと考えられる東海・東日本勢力という五つの勢力のパワーバランスによって進んでいったのだ。

一大交易圏を築いた古代出雲王

日本海に広がる出雲文化圏

古代日本にあった巨大勢力は、独自の祭祀文化を持っていた。第1章で紹介した北部九州の甕棺墓、畿内の前方後円形の墳丘墓、吉備の特殊器台、東海・東日本の前方後方形の墳丘墓である。これに対して、出雲では四隅突出型墳丘墓《よすみとっしゅつがたふんきゅうぼ》と呼ばれる独特な形式を持っていた。四隅突出型墳丘墓は、その名の通り四角形の墳丘の四隅が突き出すヒトデのような形をしており、墳丘全体が葺石《ふきいし》で舗装されている。弥生時代の祭祀は、首長の祖霊を祀るものであり、同じ祭祀形式を持つということは、同族意識を持った文明圏に入ることを意味する。

四隅突出型墳丘墓は2世紀中頃から築造され、倭国大乱があった2世紀後半には巨大化する。四隅突出型墳丘墓は、出雲から伯耆《ほうき》（鳥取県西部）、因幡《いなば》（鳥取県東部）、越《こし》（福井県から新潟県南部）、さらに島根県沖合の隠岐《おき》まで日本海側に広く分布する。

西谷墳墓群（島根県出雲市）
27基の墳丘墓があり、そのうちの6基の四隅突出型墳丘墓は、弥生時代最大規模の墳墓である。

北部九州から瀬戸内海、畿内の小国同士が戦い合う中で、日本海側では出雲連合とも呼ぶべき巨大な文明圏が形成され、国力を消耗することなく発展していったのである。

島根県出雲市にある西谷墳墓群では、2世紀末には、墳丘長が50メートルを超える大型の四隅突出型墳丘墓がつくられるようになる。出雲王が数世代にわたって大きな力を持っていたことがうかがえる。

出雲王が構築した日本海交易ルート

なぜ出雲王はこれほどまで勢力を伸ばすことができたのか。四隅突出型墳丘墓の分布を見ると、日本海側を北上しながら拡大していった様子がわかる。『出雲国風土記』には、神門水海《かんどのみずうみ》と呼ばれる内海が記されている。そ

長浜海岸（島根県出雲市）
内海だった神門水海がかつてあったと考えられる長浜海岸。出雲は海洋国家として日本海交易で繁栄した。

の一部は現在の神西湖《じんざい》となっている。出雲大社も海岸線に面していたと考えられ、日本海域最大の潟湖《せきこ》（ラグーン）を形成していた。このラグーンは古代における天然の良港となった。

当時、日本の主要な輸出品はヒスイであり、この最大の産地が越だった。国内向けには、宍道《しんじ》湖畔にある花仙《かせん》山《ざん》から取れる碧玉《へきぎょく》や水晶、メノウなどを加工し、勾玉を生産し、全国に供給した。花仙山周囲には50以上の玉《たま》造《つくり》の遺跡が見つかっている。一方、当時、日本では鉄の加工はできても鉄鉱石から製鉄する技術はまだなく、板状の鉄素材を輸入していた。

令和2年（2020）、鳥取県倉吉市にある中尾遺跡から弥生時代で国内最大の長さ約54・3センチの鉄矛、国内最大級の長さ約27・5センチの板状鉄斧《てっぷ》、約11センチの鋳造鉄斧が出土されたことが発表された。これらはいずれも朝鮮半島製か中国製と考えられている。

これらの鉄器が発見されたのは、紀元前1世紀頃の何らかの祭祀によって燃やされた

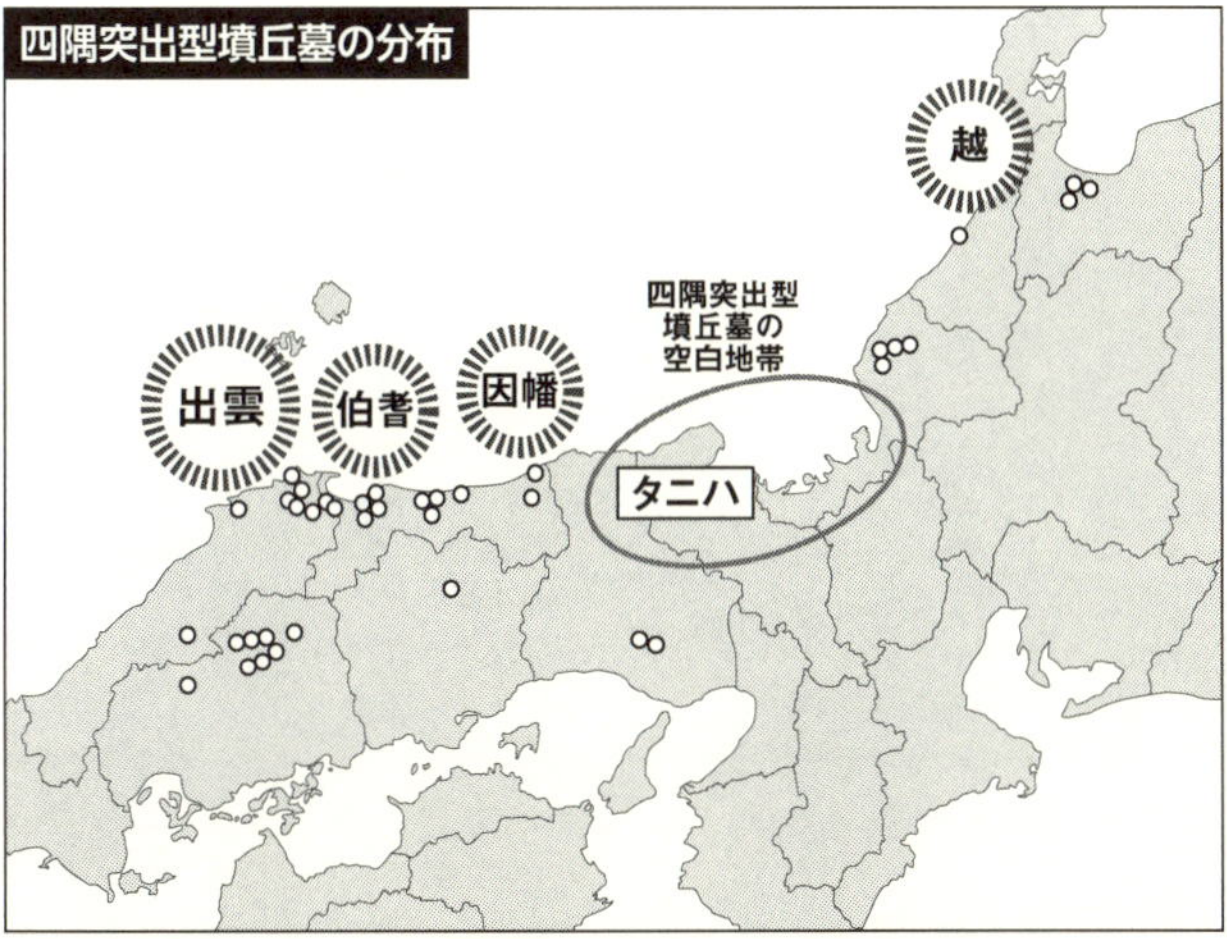

出雲が起源の墳墓形式である四隅突出型墳丘墓は、日本海沿岸地域に広がっている。

竪穴建物跡であり、出雲の勢力が早い段階から貴重な鉄器を入手していたことになる。ここから古代の日本海では、神門水海の巨大ラグーンをハブ港として、対馬海流やリマン海流の流れを利用して、鉄、青銅器、玉製品などを持った人々が行き来する巨大交易圏を形成していた古代の様子が見えてくる。朝鮮半島南部から出雲までは直線距離にして約300キロ程度であり、古代には北九州を経由せずに朝鮮と出雲を直接結んだ航海ルートも盛んだった可能性もある。

大陸との窓口である北部九州、鉄加工などを行う先進地域の吉備、高い農業生産力を誇る畿内という瀬戸内海交易圏に対して、出雲が日本海交易圏を支配したと考えられる。

経済と血縁で結びついた出雲連合

出雲神話と考古学の一致

古代出雲王とはどのような存在だったのか。記紀に描かれたオオクニヌシの記述から見てみよう。天上世界の主宰神はタカミムスヒ（高木神《たかぎのかみ》）とアマテラスであり、天上世界の神々は天津神《あまつかみ》と呼ばれる。これに対して、地上世界の神々は国津神《くにつかみ》と呼ばれる。出雲大社の祭神でもあり、地上世界を開拓した神オオクニヌシは、地上世界を統治する「大いなる国の主」の称号を持つ、国津神を代表する神である。

記紀における出雲系の神話は、天上世界を追放されたスサノオ（アマテラスの弟）が出雲に降り立ち、ヤマタノオロチを退治することからはじまる。オオクニヌシはこのスサノオの息子、あるいは子孫とされる。

『日本書紀』では本文とは別に「一書《あるふみ》」という異伝を掲載している。このスサノオの降臨について、五つの「一書」があり、本文と三つの「一書」では出雲に降臨しているが、第4の「一書」には新羅を経て出雲に渡っている。第5の「一書」では韓郷《からくに》から紀伊国（和歌山県）を経て、出雲にある熊成峯《くまなりのたけ》に降りたと記されている。スサノオは朝鮮半島経由で出雲に来た異伝が伝えられているのだ。新羅《しらぎ》の王朝の墳墓から出土した王冠には糸魚川のヒスイが多数付けられたものもあり、新羅と出雲の交流がここからもうかがえる。

出雲は日本海の交易ルートを支配したが、国土開発にあたって、海の彼方の常世《とこよ》の国からスクナヒコナという神がやってきた神話がある。また出雲大社には旧暦10月には全国の神々が約1キロ離れた稲佐の浜から訪れる。出雲の基本ルートは陸路ではなく海路であることがわかる。

馬上の大首長像
島根県立古代出雲歴史博物館 所蔵
島根県出雲市の上塩冶築山古墳の出土品から復元された古代出雲の首長の姿。

オオクニヌシは数多くの妻を娶《めと》っている。本妻のスセリヒメはスサノオの娘だが、そのほかの妻は日本海ルート各地の姫だ。越のヌナガワヒメ、因幡のヤガミヒメ、沖ノ島（福岡県宗像市）の女神・タキリヒメなどがいる。北部九州への大陸からのルートは、対馬・壱岐経由となる。一方、四隅突出型墳丘墓は畿内勢力と結びつきが強かったタニハ（丹後地方）には築かれておらず（51ページ図参照）、オオクニヌシもタニハの姫を妻に迎えた記述はない。このように見ると、考古学的観点からわかる古代出雲の勢力範囲を記紀はかなり正確に神話に落とし込んでいることがわかる。

創作された「アマテラスの弟」

記紀における出雲神話の記述の中で不自然なのが、出雲の祖神であるスサノオがアマテラスの弟という点である。北部九州や畿内の一族の系譜と出雲の系譜は明らかに異なっている。ここで注目したいのが、『古事記』ではオオクニヌシはスサノオの6世の孫となっている一方で、4世の孫、すなわちオオクニヌシの祖父をオミヅヌ（ヤツカミズオミヅヌ）としている点だ。

オミヅヌは『出雲国風土記』に登場する神である。オミヅヌは、出雲は「幅狭の布のような稚国《わかくに》（幼い国）」のため、国土を集めて縫いつくろうと宣言し、新羅、越など四つの国の一部を切り取って縄で引き寄せ、山にくくりつけて島根半島をつくったという。これは出雲の国土創世神話であり、記紀におけるイザナキ・イザナミの国生み神話（ヤマト王権の神話）とは別に、出雲が独自の神話を持っていたことを意味する。国引き神話は出雲の統一を象徴的に描いているようにも読み取れることから、オミヅヌこそ初代出雲王であり、オオクニヌシの代になり日本海交易ルートが構築されたとも考えられる。

朝鮮半島の勾玉付装身具　韓国中央博物館 所蔵
韓国南東部の慶州で出土した王冠で、ヒスイは日本の糸魚川産と考えられている。

対外的に統一王朝を示す必要があった8世紀の日本において、記紀の編纂者は独自の文化と血統を頑なに維持する出雲をどう描くか悩んだはずだ。そのような中で、オミヅヌやオオクニヌシの祖先であるスサノオに「アマテラスの弟」という設定を加えたのだろう。

出雲と諏訪に見る縄文時代の柱文化

縄文時代の自然崇拝

記紀の国譲り神話で唯一天津神に対抗した出雲の神として、オオクニヌシの子のタケミナカタがいる。天上世界から来た武神に敗れたタケミナカタは逃亡し、諏訪の地で降伏してこの地から出ないことを約束した。こうして創建されたのが長野県諏訪市にある諏訪大社とされる。

記紀で描かれた神話だが、出雲と諏訪には意外な共通点がある。それは巨大な柱を使った祭祀である。出雲の独自の文化を象徴するのが、四隅突出型墳丘墓だ。島根県出雲市の西谷3号墓では綿密な調査が行われ、複数の男王と女王が埋葬されていた。その遺体を納めた木棺を囲むように4本の柱跡が見つかっている。そのため、出雲では埋葬後に巨大な柱、あるいは覆屋《おおいや》のような施設が建てられたと考えられる。さらに埋葬された棺の真上には貴重な朱を塗った丸石が中央に置かれた。諏訪大社の社殿の四隅にも御《おん》柱《ばしら》と呼ばれる巨大な柱が建てられ、7年ごとの御柱祭で取り替えられる。中央に祀られる神と四隅の柱はまさに四隅突出型墳丘墓を彷彿とさせる。

狩猟採集社会だった縄文時代の信仰は、自然崇拝だった。その象徴として巨大な柱を神聖視したと考えられている。青森県青森市にある縄文時代最大級の集落遺跡である三内丸山遺跡からは、直径約2メートルの巨大な柱が規則的に6本並んだ遺構が発見されており、祭祀遺跡という見方もある。出雲大社の社殿は田の字に9本の柱を立てるが、中心に立つ最も太い柱は心御柱《しんのみはしら》と呼ばれる。このように出雲も諏訪も縄文の柱文化を色濃く残している。

諏訪大社下社春宮
社殿の四隅には巨大な御柱が立てられ、その中央に神が祀られている。これは四隅突出型墳丘墓の祭祀形態と共通する。

出雲人は縄文人だった

近年、最新のゲノム（遺伝情報の全体）解析によって、日本列島における縄文人度合い（縄文人変異由来保有率）を調べたところ、東北や鹿児島県、沖縄県など、日本列島の外縁部で縄文人の度合いが大きいことがわかった。そのような中で外縁部と同程度の高い縄文人度合いを示したのが島根県である。混血が進んだ北部九州や畿内とは明らかに異なる存在が出雲といえる。出雲では、縄文人独自の文化を維持していたのだ。タケミナカタが行き着いた諏訪もまた縄文文化を色濃く残す地だった。「縄文のビーナス」「仮面のビーナス」と呼ばれる二つの国宝土偶が出土した地であり、諏訪一帯には縄文時代の大集落群が広がっていた。

では、国譲りに反対したタケミナカタ＝出雲人はどのように諏訪の地に行き着いたのか。各地の神社などに残る伝承から、タケミナカタの逃走ルートは、島根半島の西側の美保岬から、能登半島の付け根にあたる志雄《しお》（石川県宝達志水町）を経て、新潟県の姫川か信濃川沿いに内陸に入り、諏訪に至ったと考えられる。

この日本海の逃走経路は出雲の交易ルートと重なる。さらに姫川はオオクニヌシと結婚したヌナガワヒメの出身地で、ヒスイの産地である。また新潟県糸魚川市に残る伝承では、タケミナカタの母はヌナガワヒメとなっており、出雲と関係性が深い地だ。

日本の山脈は列島に平行に伸びているが、例外がフォッサマグナと呼ばれる大地の裂け目だ。このエリアでは内陸部の方向に山脈が伸びており、比較的内陸への移動が容易である。姫川ルートには糸魚川―静岡構造線と呼ばれる断層が走っており、南北移動が可能となっていた。出雲と諏訪は単に神話で結ばれた地ではなく、実際に出雲人の行き来、あるいは移住があったと考えられるだろう。

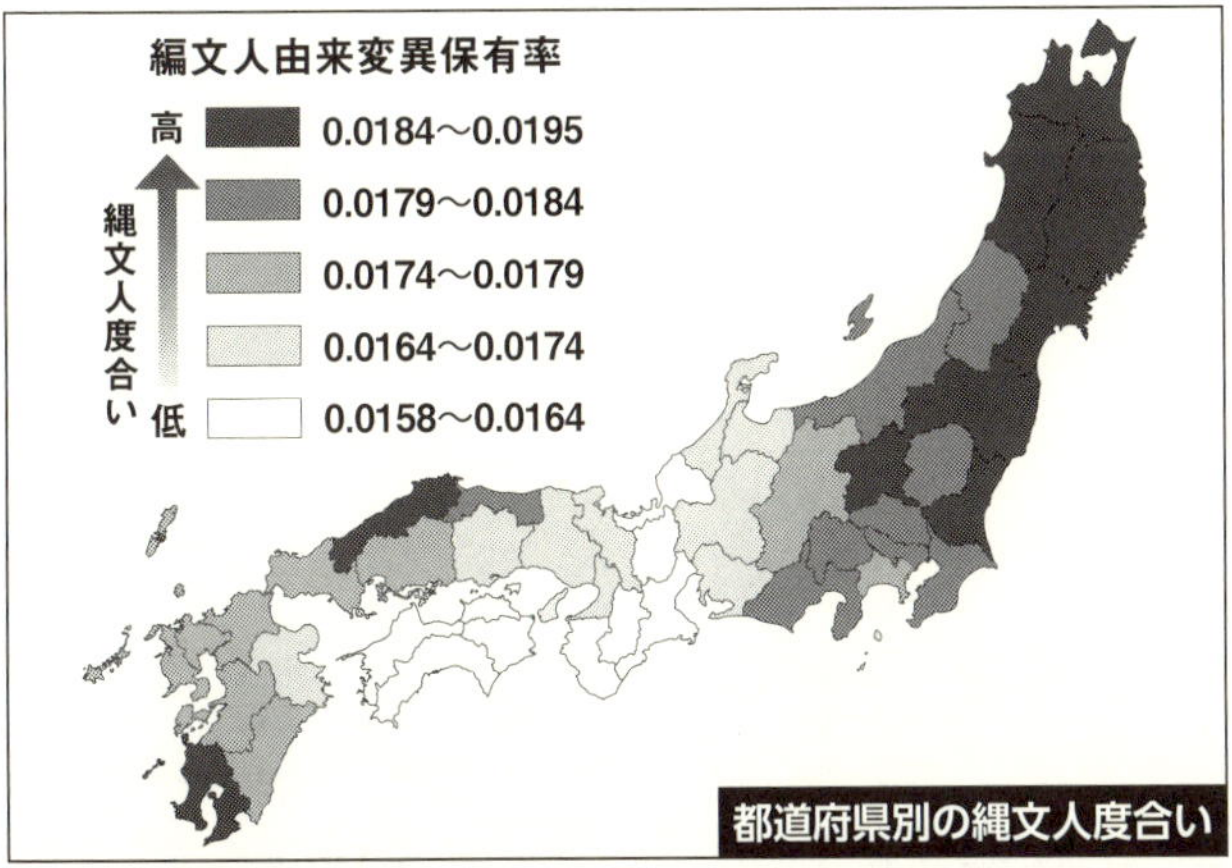

ヤマト王権があった畿内では縄文人度合いが低く、日本列島の外縁部になるほど縄文人度合いが高くなる傾向にある。その中で山陰地方は周辺地域よりも高い縄文人度合いを示している。

島根半島から出雲交易圏の日本海沿岸を通り、越の姫川あるいは信濃川を南下したと考えられる。

邪馬台国に対抗した狗奴国—出雲連合

倭国大乱後に起きた出雲の危機

記紀では、九州南東部を出発したイワレヒコが北部九州、瀬戸内海を経て、大和に至る。邪馬台国九州説では、畿内で誕生したヤマト王権との連続性として、北部九州にあった邪馬台国の政権が大和へと移動した邪馬台国東遷説をとることがある。また畿内説では、邪馬台国は、畿内勢力と北部九州の勢力が瀬戸内海の航路を通じて連合を結んだものと考えることが多い。いずれにしても、当時の先進地域だった北部九州と畿内、両者をつなぐ中継地である吉備という古代日本のトップ3の勢力が手を結び、邪馬台国あるいはヤマト王権が形成された。このことは考古学的にも記紀の記述にも矛盾しない。

北部九州から畿内までの勢力は、倭国大乱を経て邪馬台国を成立させるが、倭国大乱の際には高地性集落が再びつくられるようになった。ところが興味深いことに、出雲では高地性集落がワンテンポ遅れて出現する。西日本から瀬戸内海にかけては2世紀

青谷上寺地遺跡　共同通信社 提供
令和5年（2023）、鳥取県鳥取市にある高地性集落の遺跡から、散乱した状態で大量の人骨や木器が出土した。

終わりの倭国大乱の終結、すなわち邪馬台国の成立から消滅していく。しかし、倭国大乱の終息する頃に出雲やその文化圏に属する北陸で高地性集落が増加するのだ。

令和5年（2023）には鳥取県鳥取市にある高地性集落遺跡・青《あお》谷《や》上《かみ》寺《じ》地《ち》遺跡から埋葬されることなく散乱した状態で大量の人骨が発見された。これらの中には斬られた痕や矢尻が刺さったものもあった。出雲内の勢力争いによる戦いの可能性もあるが、倭国大乱に加わらなかった出雲が戦う相手というのは、邪馬台国あるいは狗奴国ということになる。より可能性が高いのは、大陸との海上交易で競合することになる邪馬台国連合だろう。

呉鏡をもたらしたのは出雲連合だった

日本海側の出雲連合は、邪馬台国連合と対抗するために狗奴国連合と同盟を組んだ可能性がある。出雲ではヤマト王権の勢力下に入ったのちにも、狗奴国の所在地として有力視される濃尾平野を起源とする前方後方墳をつくり続けたのだ。

邪馬台国が成立した3世紀中頃、出雲では四隅突出型墳丘墓が造営される一方で、出雲と関係が深い越には前方後方形の首長墓がつくられている。邪馬台国連合に加わらなかった狗奴国は、瀬戸内海ルートが使えない。そのため、狗奴国が対外交易を行うためには日本海ルートを使うしかない。そこで、出雲連合と狗奴国連合が越を通じて結びついたのではないだろうか。

第1章では、邪馬台国の女王・卑弥呼が魏と呉の対立関係を利用して、「親魏倭王」の称号を得たことを紹介した。これに対して、呉は狗奴国連合に接近を試みたと考えられる。この中継ぎをできるのは

雨の宮古墳群1号墳（石川県中能登町）
古墳時代前期に造営された、北陸最大級の前方後方墳で墳丘長は約64m。北陸では弥生時代後期にも前方後方形の墳丘墓がつくられた。

記紀に記されたイワレヒコ一行のルートは、北部九州→瀬戸内海→畿内と主要勢力地を通過するルートとなっている。

出雲連合だけである。

このことは日本でわずか2面だけ発見された呉鏡の出土場所からも補強される。呉の年号が刻まれた銅鏡が発見されたのは、山梨県市川三郷町の鳥居原狐塚古墳と兵庫県宝塚市の安倉高塚古墳の2ヶ所だ。

山梨県市川三郷町は、糸魚川－静岡構造線上にあり、タケミナカタが逃れたルートの延長線上に位置する（59ページ図参照）。また兵庫県加西市の周遍寺山1号古墳や小野市の船木南山古墳は四隅突出型墳丘墓の可能性が指摘されている。呉鏡を日本にもたらした勢力が出雲とも考えられるのだ。

青銅器埋納は邪馬台国連合との決別を意味した

「×」印が刻まれた大量の青銅器

出雲はかつて北部九州や畿内の勢力とも友好的な立場をとっており、北部九州の銅矛・銅戈と畿内の銅鐸の両方の青銅器文化圏と交流し、出雲自体でも出雲型銅剣を大量に製造した。弥生時代には各地で地域色豊かな青銅器がつくられ、後期には各地の青銅器が巨大化していく。ところが出雲では弥生時代後期になると青銅器が姿を消し、巨大な四隅突出型墳丘墓が出現した。

神庭荒神谷遺跡から出土した358本の銅剣のうち344本には「×」が刻印され、加茂岩倉遺跡から発見された39個の銅鐸のうち14個にも、銅剣と同じ「×」印が刻まれていた。そしてこれらの大量の青銅器は斜面に意図的に埋納されていた。これらの青銅器が埋納された時期と理由についてはさまざまな説があるが、出雲から青銅器が消えた2世紀後半に埋められたのであれば、北部九州と畿内といった邪馬台国連合との決別を

神庭荒神谷遺跡から出土した大量の銅剣
文化庁 所蔵
島根県立古代出雲歴史博物館 提供
出土した358本の銅剣のうち344本の茎（柄をつけるための突起部）に「×」印が刻まれていた。

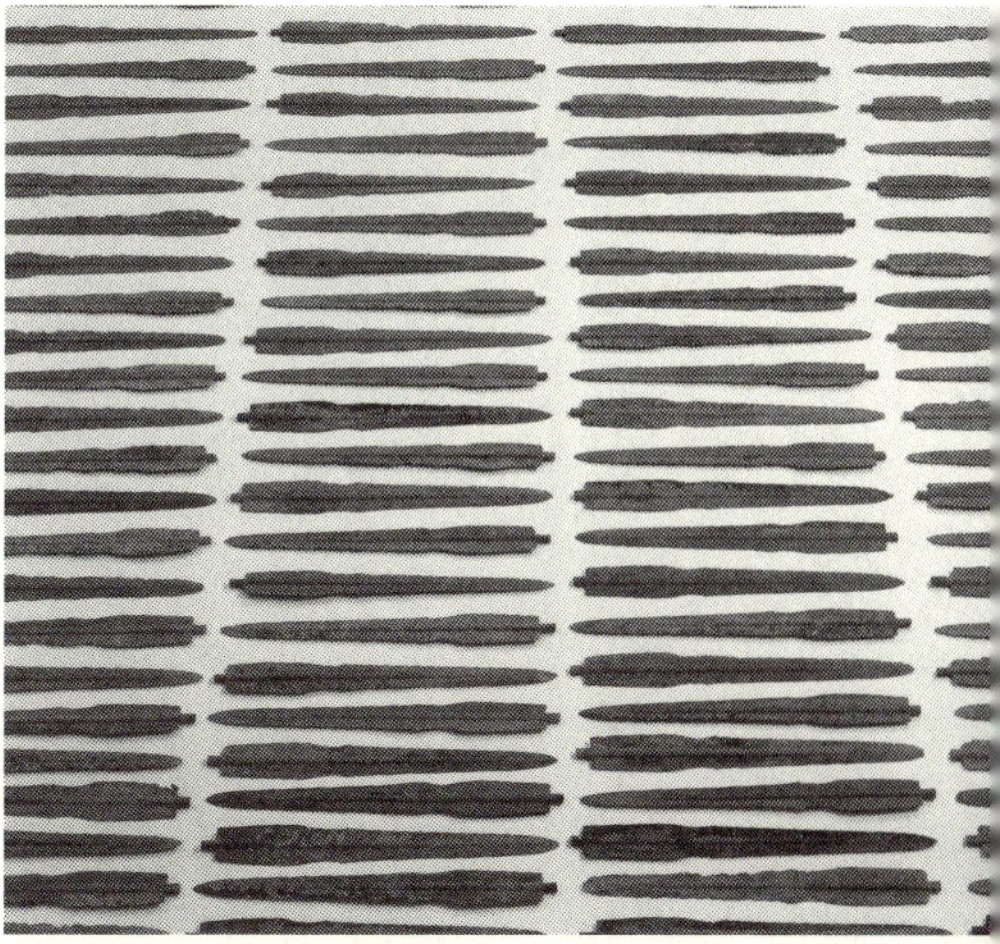

意味していた可能性もある。

呉鏡を日本にもたらしたのが出雲連合だったとすれば、3世紀中頃までは邪馬台国と敵対関係にあったことになる。邪馬台国と狗奴国の争いは、新たな女王・台与の時代に終結したと考えられることから、台与政権において出雲との交渉が進められたのではないだろうか。

神話に見るヤマト王権への参画

ここで記紀における国譲り神話を見てみよう。記紀ではたびたび天津神が国譲りの交渉のために派遣されている。まず指名されたのが、アマテラスの子であるアメノオシホミミだが、地上世界が騒がしいことに恐れをなして使いの任を辞退した。次に指名されたのが

神庭荒神谷遺跡（島根県出雲市）
358本の銅剣の出土状況を復元したもの。銅剣は4列に並べられ、整然と埋納されていた。

アメノオシホミミの弟であるアメノホヒだが、オオクニヌシに心酔し3年経っても戻ってこなかった。今度は弓矢を与えられたアメノワカヒコが派遣されたが、オオクニヌシの娘と結婚してしまった。最後に送られたのが2柱の武神で、ここでようやくオオクニヌシは国譲りに応じた。

派遣されなかったアメノオシホミミを含め、都合4度にわたり、出雲に対して国譲りのアプローチを試みたことになる。この記述を邪馬台国と出雲の関係性に当てはめてみよう。アメノオシホミミの派遣が検討されたのが卑弥呼の時代であり、邪馬台国と出雲の両者が緊張関係にあったことから派遣が見送られた。そして、台与の時代に派遣されたのがアメノホヒと考えるのが妥当だろう。アメノオシホミミとアメノホヒはアマテラスの子、すなわち女王の使者ということになる。

これに対して、アメノワカヒコはアメノクニタマという天津神の子であり、特別な神格はない。弓矢を渡されたことから和戦両様の構えだったことがわかる。最後に派遣さ

北部九州から四国にかけて銅矛が、畿内から東海にかけて銅鐸がつくられており、出雲はこの両者と交流を持っていた。

れたのはタケミカヅチとフツヌシという剣から生まれた神々であり、武力をちらつかせた強制外交になっている。アメノワカヒコや二武神は明らかに前者とは異なる性格を持っており、ヤマト王権による恫喝だったと考えられる。

記紀には、国譲り後に2回、ヤマト王権が出雲に侵攻した記述がある。10代崇神天皇の時代に2人の武将が派遣され、出雲臣のイヅモフルネが討伐されている。また12代景行天皇の皇子であるヤマトタケルの征西では、イヅモタケルが殺害されているのだ。このことは出雲がヤマト王権とは一線を画す独自の地方勢力だったことを物語っている。

出雲はヤマト王権に全面降伏したのか

記紀と異なる『出雲国風土記』の記述

日本海側に一大交易圏を築いた出雲だったが、記紀では天上世界からやってきた武神の求めに応じて国を譲る（国譲り神話）。そして、オオクニヌシが天津神に全面降伏し、出雲大社をつくり自らを祀ることを交換条件として出している。

ところが、『出雲国風土記』における国譲り神話の記述は記紀とは大きく異なる。オオクニヌシが越の八口を平定して戻ってくると、意宇《おう》郡母里《もり》郷で天津神の使者が待っていた。そこでオオクニヌシは記紀と異なり自発的に国を譲ることを申し出る。ただし、出雲自体はオオクニヌシが治め、そのほかの地上世界は天津神に譲るという条件付きである。母里郷は出雲の東端に位置する地である。

実際に出雲を起源とする四隅突出型墳丘墓は、古墳時代のはじまりとともに姿を消した。そして、出雲の中心地は出雲大社のある西部から東部へと移り、国府は現在の県庁がある島根県松江市の一部も属した意宇地域に置かれた。この意宇地域には前方後方墳が、さらに東の安来市周辺には前方後円墳が多く造営されている。

日本海交易の玄関口があった西部からヤマト王権に近い東部に明らかに権力の移動が見られる。こうしたことからヤマト王権成立時にはすでに出雲がヤマト王権に参画したことがわかる。ところがヤマト王権の連合に加わり、国境付近には前方後円墳をつくりながらも、新たな王都である松江周辺には前方後方墳が多く築かれていることは何を意味するのだろうか。

東部勢力によって失脚した出雲王

出雲には、四隅突出型墳丘墓の古墳の分布から、東部の意宇地域と西部の出雲地域を拠点とする二つの氏族がいたことがわかっている。このうち日本海交易圏を構築したのが、天然の良港を有した西部の勢力だった。西部の西谷墳墓群に築かれた大型の四隅突出型墳丘墓は、古い順から西谷3号墓→2号墓→4号墓→9号墓と続いており、4代にわたって西部出身の出雲王が君臨していたことがわかる。しかし、この9号墓ののち墳墓の造営は東部に移る。

古墳時代に入ると、大陸との交易はヤマト王権が管理するようになる。ここから日本海交易圏のハブ港だった出雲西部の勢力は没落することになり、代わってヤマト王権に陸路で距離的に近い東部の勢力へ権力が移行していったと考えられる。

記紀と『出雲国風土記』の記述の差異についても、記紀では交渉の舞台が出雲の西端であり、天津神に全面降伏する形（タケミナカタのみ反対し、逃走）となっている。これは出雲西部勢力における国譲りの描写と読み取れる。一方で、出雲東端が国譲りの舞台となり、自発的に天津神に服することを申し出た『出雲国風土記』の国譲り神話は東部勢力による描写といえる。ヤマト王権と友好関係を結んだ出雲東部勢力はその後、出雲の権力を掌握したのだろう。

記紀の国譲りでは、オオクニヌシは統治権をすべて失い、出雲大社に祀られることになる。出雲大社があるのも西部であり、オオクニヌシは出雲を治める王ではなく、精神的な神となっている。このことは西部勢力が出雲の統治権を失った一方で、かつての出雲の栄光を伝える出雲人のアイデンティティの拠り所となったことを象徴的にあらわしている。

独自勢力を維持し続けた出雲

国譲りを行った出雲東部勢力だったが、ヤマト王権の完全なる支配下に入ったとはい

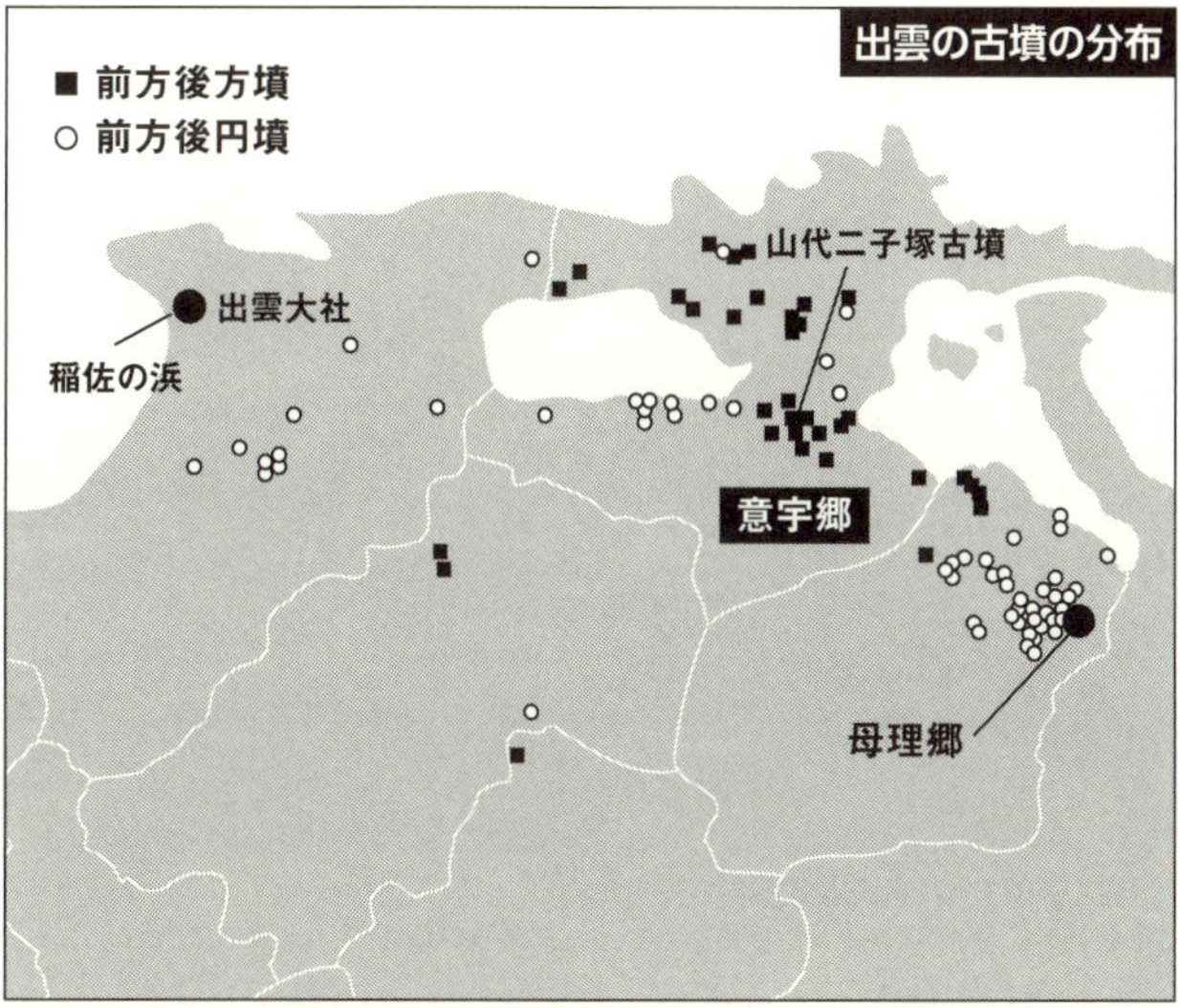

ヤマト王権に近い東側に前方後円墳が集中し、出雲の政権がある意宇に前方後方墳が多い。一方、西岸には古墳があまり築かれていない。

い難い。前方後方墳の原型は、濃尾平野で築かれた前方後方形の首長墓（前方後方型周溝墓）で、第1章では狗奴国の象徴として紹介した。前方後方墳は古墳時代初頭には多く築かれたが、ヤマト王権の支配力が強まる5世紀後半以降にはつくられなくなった。

ところが出雲では、6世紀に入っても全長約92メートルもの巨大な前方後方墳（山代二子塚古墳）が松江市に築かれている。前方後方墳は、ヤマト王権の直接の支配下に入らずに独自の勢力を維持した豪族の古墳に多く見られる。あるいは狗奴国・出雲連合の歴史的なアイデンティテ

山代二子塚古墳（島根県出雲市）
5世紀後半には全国的につくられなくなった前方後方墳だが、出雲では6世紀になってもつくられ続けた。

ィを持ち続けた証左といえるかもしれない。

記紀における神話の記述では出雲関連のものが4割近くを占めるが、このことはヤマト王権に完全に組み込まれなかった出雲について、ヤマト王権の神話の文脈で描くことが難しかったためとも考えられる。

出雲がヤマト王権の勢力下に確実に入ったのは7世紀頃と考えられ、それ以前のヤマト王権と出雲の関係性については現在も議論が続いている。少なくとも記紀が編纂された8世紀初頭の段階では、出雲はヤマト王権側から見ても配慮が必要な存在だったといえるだろう。

第3章

記紀に記された「まつろわぬ神々」

なぜヤマト王権は畿内に誕生したのか

日本最初の王都・纒向《まきむく》遺跡

地上世界の統治に乗り出したニニギのひ孫のイワレヒコは九州南東部から北部九州を経て、瀬戸内海を東へ進み、大阪湾に至った。しかし、大和国生駒《いこま》（奈良県生駒市）でこの地を支配するナガスネヒコと戦い、兄のイッセが戦死する。一行は大阪湾からの侵攻を諦め、紀伊半島を迂回し熊野の地に入ることにした。そして天上世界の神々からの支援を受けて難路である熊野を通過し、再びナガスネヒコと決戦となり、ついに打ち破った。こうしてイワレヒコは大和入りして、初代神武天皇として即位したと伝わる。

奈良盆地にある纒向遺跡では、南北約19メートル、東西約12メートルにも及ぶ巨大建造物を含む、独立した3棟が東西に正確に並んで建てられていたことがわかった。規則的に配列して建てられた複数の巨大建造物は弥生時代から古墳時代を通してもほかに例がなく、邪馬台国畿内説では卑弥呼の邸宅とする説が有力となっている。この纒向遺跡

纏向遺跡（奈良県桜井市）
ヤマト王権が誕生した纏向の地からは、飛鳥時代の建築物を彷彿とさせる東西南北に規則的に柱が並ぶ巨大建造物の遺構が発見された。

のすぐ近くに卑弥呼の墓ともいわれる箸墓古墳がある。卑弥呼の都が纏向遺跡だったかどうかは議論が分かれるが、少なくともヤマト王権の最初の王都だったことは間違いない。

連合国家だったヤマト王権

ヤマト王権の成立にあたって大規模な戦争の痕跡は残っていない。そこで、畿内説では、記紀に描かれた神武東征における戦いを、2世紀後半の倭国大乱と重ね、北部九州と畿内勢力が争い、これに勝利した畿内勢力が卑弥呼を擁立したと考える。また、畿内と北部九州、吉備などの勢力が話し合いで連合して卑弥呼を擁立したとする説では、邪馬台国は北部九州でも畿内でも成立しうる。

一方で纒向研究の第一人者の寺沢薫氏は、北部九州や吉備などの当時の日本の有力な地方勢力が合議の上で卑弥呼を擁立し、既存勢力がいない纒向に置いたとする説を唱えている。神武東征にあたっては大阪湾に至るまで大きな抵抗は受けておらず、記紀の記述とも矛盾しない。

纒向遺跡や箸墓古墳といった巨大建造物は高度な土木技術を必要とする。畿内には紀元前1世紀頃に何重もの濠を備えた集落がつくられ、畿内式銅鐸による祭祀を行う文化圏が存在していたが、北部九州に比べると文明後進国である。そこに突如として、巨大な王都をつくることができたのは、先進的な知識と技術を持った、北部九州や吉備の協力なしには考えられない。またヤマト王権の象徴である前方後円墳には、吉備の特殊器台が用いられ、副葬品に北部九州に見られる鏡、勾玉、剣が選ばれていることからも、ヤマト王権は複数の地方勢力による連合国家だったことがわかる。

では、なぜ邪馬台国あるいはヤマト王権の王都に奈良盆地が選ばれたのか。奈良盆地は南北約30キロ、東西約15キロで、大和川をはじめとする水系にも恵まれている。周囲を山に囲まれているために強風が発生しにくく、自然災害が少ない。社会的変化が少なく安定的な食料生産が行える最適地だった。また日本の統治にあたって、西日本と関東

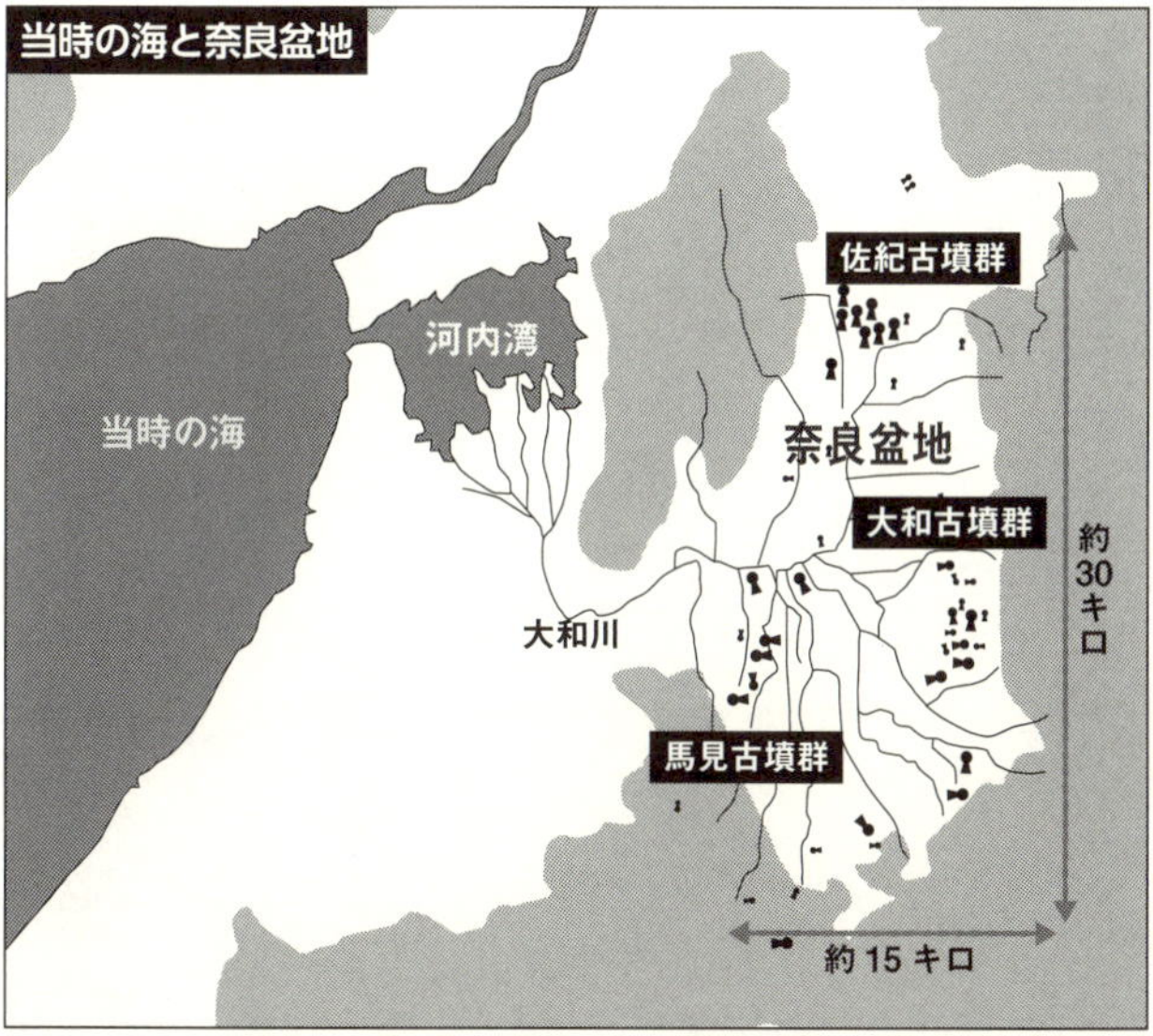

ヤマト王権が誕生した奈良盆地は、当時あった入海の河内湾と大和川の水系でつながっていた。

のちょうど真ん中に位置する地政学上の理由も指摘されている。

一方で、北部九州は大陸との交流が活発で、鏡や鉄製武器の出土も畿内よりも多い先進地域だった。しかし、人や情報、モノの出入りが多い北部九州は変化も激しく、権力者の交代や争乱などが発生しやすい。

奈良盆地は大和川の水系を使えば河内湾に出ることができる。北部九州、吉備と連合することで瀬戸内海ルートを支えることになり、畿内の唯一のウィークポイントだった外交・交易も可能となったのだ。

富雄丸山古墳《とみおまるやま》の被葬者は誰か その①
ヤマト王権内有力豪族説

過去に例がない巨大な特殊遺物

記紀において神武東征の際に最も激しく抵抗したのがナガスネヒコである。こうした地方の抵抗勢力は、土蜘蛛《つちぐも》などと呼ばれ、身長は低いが手足が長い異形の姿として描かれる。ナガスネヒコの名もまた「長いすね（足）の男」を意味する名である。記紀では、神武天皇は各地の豪族の協力を得て、敵対する豪族を征討して、初代天皇に即位したことになっている。ところが近畿地方に至るとナガスネヒコをはじめ、各地で激しい抵抗に遭う。

もし畿内勢力が地方勢力連合のリーダーとして邪馬台国あるいはヤマト王権が誕生したとすれば、近畿地方での多数の戦闘の記述は不自然だ。第2章では、国譲りにあたって出雲の西部勢力と東部勢力による駆け引きがあったことを述べたが、畿内においても現状変化を嫌い、新たな連合の誕生に反対して独立維持を主張する内部勢力がいた可能能

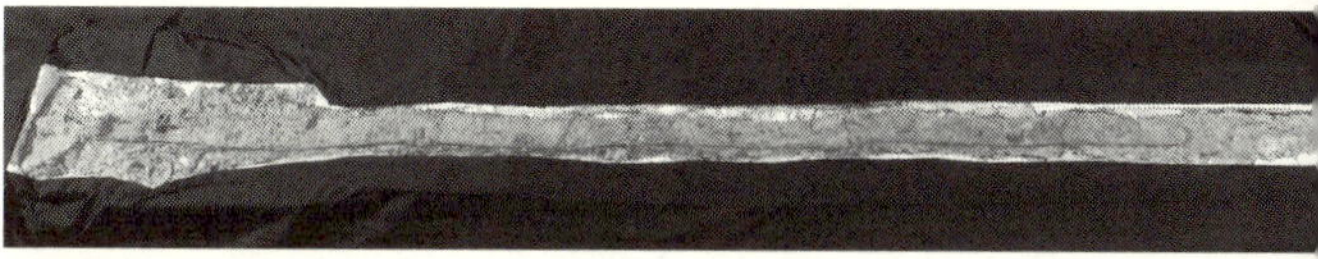

蛇行剣
毎日新聞社 提供
祭祀に用いられたと考えられる蛇行剣はこれまで国内で80本以上が発見されているが、富雄丸山古墳の蛇行剣は最大にして最古のものである。

鼉龍文盾形銅鏡
毎日新聞社 提供
国内で発見された銅鏡の中で最大のもので、盾形は唯一の例である。上下に中国の伝説上の動物・鼉龍がかたどられている。

性がある。記紀の記述の中で、その最右翼なのがナガスネヒコといえる。

ナガスネヒコはこれまで伝説上の人物と考えられてきた。ところが、令和５年（２０２３）、奈良県奈良市の富雄丸山古墳から国宝級と評される遺物が発見されたことで、新たな議論を呼んでいる。

富雄丸山古墳は、直径約１０９メートル、高さ約14メートルという国内最大の円墳である。この富雄丸山古墳から、国内最大かつ過去に類例のない盾形の銅鏡と、長さが約２３７センチという国内最大の蛇行剣が発見された。蛇行剣は古墳時代に日本でつくられた鉄剣で、蛇のようにうねった形状をしている。盾形銅鏡には中国の伝説上の動物「鼉龍《だりゅう》」が刻まれていたことから、「鼉龍文盾形銅鏡」と名付けられた。

大王墓に匹敵する巨大円墳

　この富雄丸山古墳には大きな謎がある。それは国内の被葬者の中でも最上級の副葬品であるのにもかかわらず、古墳形式が最上級のランクである前方後円墳ではなく、1ランク下がる円墳である点だ。円墳は前方後円墳ほど高い築造技術は必要ないが、より多くの土を必要とする。直径50メートルの円墳には、墳丘長70メートルの前方後円墳ほどの土が必要となる試算もある。巨大前方後円墳並みの規模であるにもかかわらず円墳であることは疑問だ。

　富雄丸山古墳が造営された位置から被葬者を探ってみよう。古墳時代の初めには、纒向遺跡がある奈良盆地南に大和・柳本古墳群が形成されるが、やがて古墳の中心地は北へ移動する（佐紀古墳群）。さらに5世紀になると大阪湾に面した河内平野に移り、大《だい》仙《せん》古墳（仁徳天皇陵古墳）をはじめとする百舌鳥《もず》・古市《ふるいち》古墳群が造営されていく。富雄丸山古墳は、佐紀古墳群から百舌鳥・古市古墳群へと移行する間の4世紀後半に造営されており、位置的にも奈良盆地と河内平野を結ぶ地点にある（83ページ図参照）。

　こうしたことから、富雄丸山古墳の被葬者は、古墳群の河内平野への移行期に強い影

富雄丸山古墳（奈良県奈良市）
国内最大の円墳で直径は約109mある。円墳は大王クラスではなく、首長や豪族クラスの古墳形式である。

響力を及ぼした豪族であるとする説が有力視されている。過去に例がない巨大な盾形銅鏡と蛇行剣から、ヤマト王権に近い関係性の人物と考えられるためだ。

富雄丸山古墳の発掘に携わっている村瀬陸氏は、河内平野と奈良盆地を結ぶ暗越《くらごえ》奈良街道と富雄川が交差する地に富雄丸山古墳があることに注目する。この東の秋篠川の交差点には宝来山《ほうらいさん》古墳（墳丘長約２２７メートル・前方後円墳）が、西の竜田川の交差点には竹林寺古墳（墳丘長推定約60メートル・前方後円墳）がある。古墳造営には対外交渉も影響してくるために、一気に河内平野に古墳群を移すのではなく、３基の古墳は佐紀古墳群から百舌鳥・古市古墳群への移行期に計画的に造営されたとも考えられる。

富雄丸山古墳の被葬者は誰か その❷
ナガスネヒコ説

ナガスネヒコとの激戦地にある古墳

記紀では、神武東征にあたって北部九州や瀬戸内海では大きな争いは起きておらず、考古学的にもヤマト王権成立時に大規模な戦争の痕跡は確認されていない。ただし、ヤマト王権が各地方勢力の連合だったとはいえ、まったくの反発がなかったとは考えられない。こうしたヤマト王権成立時における連合派と独立維持派の争いを、記紀では神武東征における近畿地方の戦いとして描いたとも考えられる。

ここから富雄丸山古墳の被葬者は、ヤマト王権内の人物ではないとする説もある。富雄丸山古墳は、大王墓に匹敵する規模でありながらヤマト王権の王都があった纒向の地から離れている。そしてこの地は、神武東征の際にナガスネヒコと激戦を繰り広げた場所だ。

考古学者の辰巳和弘氏は、このナガスネヒコに着目している。ナガスネヒコとの戦いの際にイワレヒコのもとに金色の鵄《とび》が現れ、その輝きに目が眩んだナガスネヒコ軍は敗れた。この金の鵄が現れた地は鵄邑《とびむら》となり、のちに鳥見《とみ》、富雄といった地名へと転じた。またナガスネヒコは『古事記』では「登《と》美《み》能《の》那《な》賀《が》須《す》泥《ね》毘《ひ》古《こ》」と記されており、「富雄」は「登美」が転じたものともいわれる。富雄丸山古墳はナガスネヒコと関係が深い地にあるのだ。

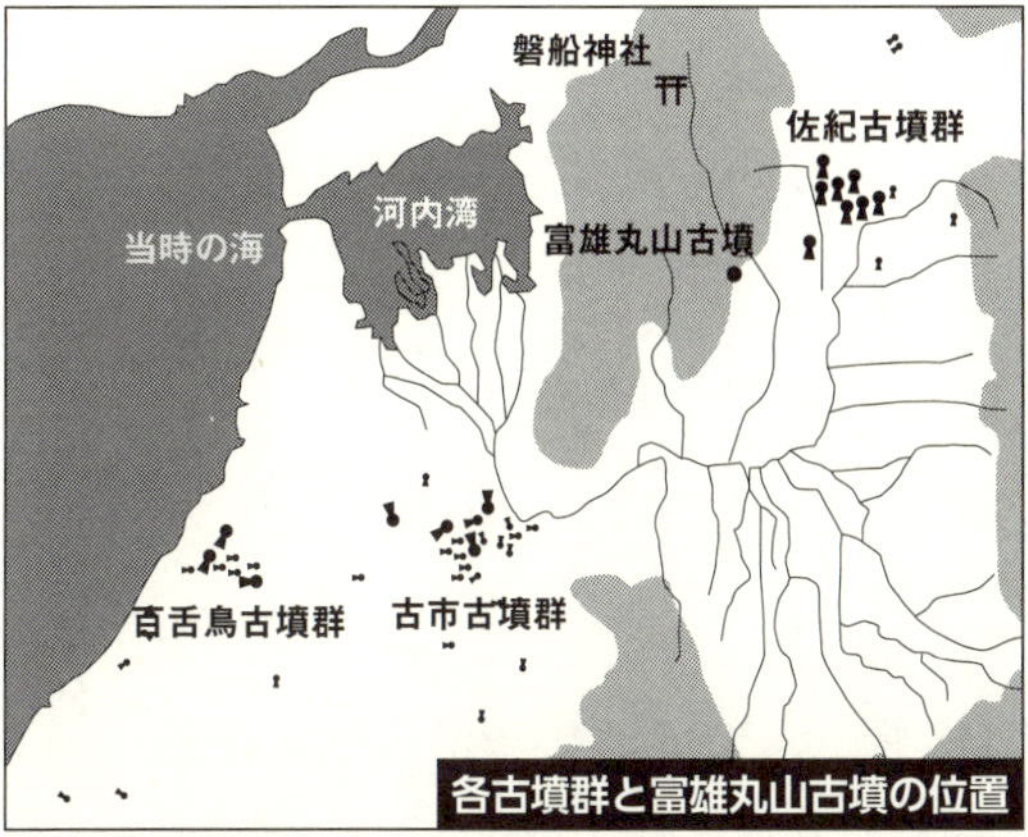

各古墳群と富雄丸山古墳の位置

4世紀から5世紀にかけて古墳の造営地は奈良盆地北部から河内平野の古市、百舌鳥へと移行し、その中間に富雄丸山古墳がある。

河内湾と奈良盆地を結ぶ交通の要衝である富雄を支配下におき、ヤマト王権に反抗した豪族が富雄丸山古墳の被葬者であり、その歴史を仮託する人物として、記紀におけるナガスネヒコが創作された可能性があるという。だとすれば、奈良盆地を見下ろす富雄の地に大王墓と肩を並べる円墳や過去に例がない巨大で特殊な副葬品は、ヤマト王権の中枢への反骨心のあらわれとも読み取れる。

ニギハヤヒとナガスネヒコ

富雄丸山古墳が造営されたのは4世紀後半であり、ヤマト王権成立時とは1世紀の隔たりがある。日本各地から出土した蛇行剣のほとんどは5世紀のものだ。富雄丸山古墳の蛇行剣はその最初期のものであり、のちの蛇行剣のプロトタイプともいえる存在である。また4世紀の前方後円墳の副葬品には銅鏡が用いられ、5世紀になると武具が中心となり、その中に革製の盾もある。盾形銅鏡は4世紀と5世紀の副葬品の過渡期に当たる遺物といえる。富雄丸山古墳の出土品は、4世紀と5世紀をつなぐものなのである。

令和6年（2024）には埋葬されていた木棺の中から3枚の銅鏡が発見され、そのうちの1枚が卑弥呼が魏から送られた鏡の形式とされる三角縁神獣鏡の可能性があるという。三角縁神獣鏡はこれまで600面ほど出土し、日本製のものも多いが、富雄丸山古墳から出土した三角縁神獣鏡は、中国製の3世紀中頃のものと考えられる。そのため、邪馬台国あるいはヤマト王権成立時から存在した畿内の名門豪族と推測される。

記紀では、ナガスネヒコはニニギよりも先に降臨したもう1人の天孫ニギハヤヒに仕えた。『日本書紀』では、イワレヒコとニギハヤヒは互いに天孫の証となる神璽《しんじ》を示した。しかし、ナガスネヒコはこれを認めず、イワレヒコと戦い続けたためニギハヤヒはナガスネヒコを殺し、イワレヒコに帰順したという。ニギハヤヒが降臨した地は、大阪府交野市と伝えられ磐船《いわふね》神社があるが、この地も奈良盆地と大阪湾を結ぶルートである。

記紀の記述を当てはめるならば、富雄丸山古墳の被葬者は、奈良盆地北部から河内平野への移行期に両者の間を取り持った有力豪族であり、かつヤマト王権の主流から外れた一族ということになる。蛇行剣にしても盾形銅鏡にしても武器と祭祀道具のハイブリッドの遺物だ。『先代旧事本紀《せんだいくじほんぎ》』では、ニギハヤヒは降臨の際に十種神宝《とくさのかんだから》と呼ばれる神宝を授けられたとされる。一方のナガスネヒコは生粋の武人として描かれる。富雄丸山古墳の被葬者はこの両者の特徴を併せ持っている。

富雄丸山古墳は、ニギハヤヒ・ナガスネヒコのモデル、すなわちヤマト王権成立時に連合に反対して、主流から外れた河内勢力の子孫だったのではないだろうか。4世紀後半から5世紀にかけて古墳群が河内平野に移行する際に復権し、巨大な富雄丸山古墳を造営した可能性もある。

富雄丸山古墳で発見された銅鏡

共同通信社 提供

令和6年（2024）、富雄丸山古墳から出土した割竹形木棺の中から銅鏡3枚が発見された。このうちの1枚は3世紀中頃の三角縁神獣鏡と考えられている。

もう1人の天孫ニギハヤヒは誰だったのか

記紀と異なる伝承を伝える『旧事紀《くじき》』

神武東征の際に特異な存在なのが、ニギハヤヒだ。王朝が編纂する歴史書・正史は基本的に、統治権を持つ王家の正統性を証明するものである。ニギハヤヒはニニギよりも先に降臨した天孫であり、むしろニニギよりも正統性があるように感じられる。

そのせいか、記紀におけるニギハヤヒの記述はごくわずかであり、ナガスネヒコが仕える王として登場するのみだ。これに対して、『先代旧事本紀』（以下、『旧事紀』）ではニギハヤヒについて詳細に記している。『旧事紀』の序文には厩戸《うまやど》皇子（聖徳太子）と蘇我馬子《そがのうまこ》によって編纂されたことが記されており、かつては記紀編纂よりも約1世紀前にまとめられた最古の書とされた。序文の記述に矛盾があることから江戸時代には偽書とされ今日に到っているが、近年では『旧事紀』の本文の再評価が進んでいる。歴史

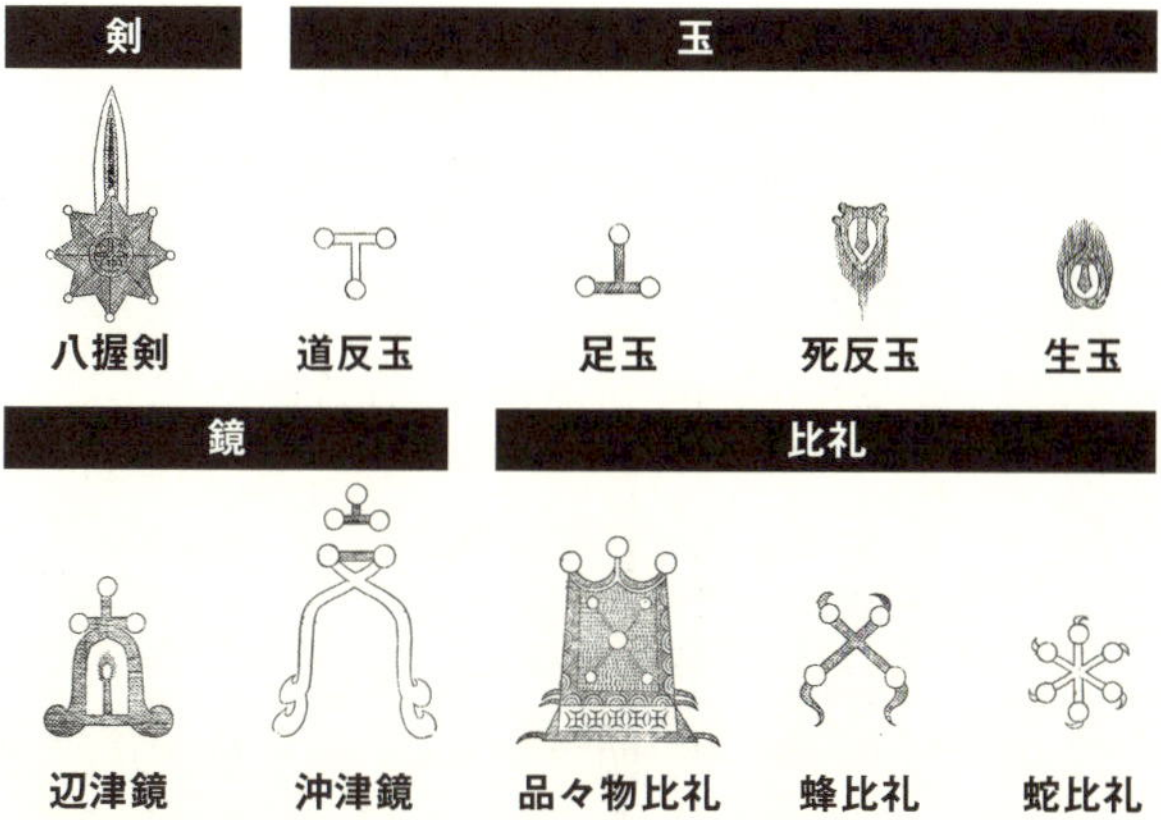

十種神宝（天璽瑞宝十種）
ニギハヤヒが天孫の証として授けられた十種神宝は現存しないが、その形状をかたどった図柄が伝わる。

上、最初に編纂された歴史書は聖徳太子と蘇我馬子による『国記』であることが『日本書紀』に記されている。『旧事紀』はこの『国記』などを原典として9世紀頃に編纂されたものという指摘もある。

ヤマト王権に組み込まれた別王権

『旧事紀』のニギハヤヒの記述を見てみよう。ニギハヤヒはアマテラスの命をうけて、父であるアメノオシホミミに代わり地上を治めることになった。そこで天上世界の天璽瑞宝《あまつしるしみずたから》十種《とくさ》（十種神宝）という神宝を授けられ、72の神々と大船団を率いて天上世界から河内国に降り立ったという。この時、随行した神々は、中臣《なかとみ》氏（藤原氏）の祖アメノコヤネ、忌部《いんべ》氏の祖アメノフトダマ、猿女《さるめ》君の祖アメノウズメといった、記紀ではニニギに随行した神々がニギハヤヒとともに降臨している。ただし、ニギハヤヒは亡くなってしまったためにニニギが降臨したことになっており、天皇家の正統性を保っている。

　記紀では、ニギハヤヒはイワレヒコが天孫であることを知ると服従するが、『旧事紀』では神武東征の時点ですでに亡くなっているため、ニギハヤヒの子であるウマシマジがナガスネヒコを討ち、十種神宝を献上し、服従するストーリーになっている。十種神宝はのちに奈良県天理市の石上神宮に納められた。十種神宝は現在は失われているが、石上神宮では、毎年11月の鎮魂祭で十種神宝をかたどった紙を用いた神事が行われる。

　このウマシマジは蘇我氏が台頭する前に王権の中枢を担った物部《もののべ》氏の祖とされる。ニギハヤヒのストーリーを素直に読めば、ニギハヤヒは邪馬台国あるいはヤマト王権誕生前に大きな勢力を持っていた王であり、ニギハヤヒとニニギの臣下に共通点が見られることから、邪馬台国あるいはヤマト王権の連合に加わった勢力だったのではないか。しかし、ニギハヤヒの勢力はヤマト王権内で衰退し、物部氏という一豪族としてヤマト王権に組み込まれることになったのだろう。

　物部氏はヤマト王権の軍事面で活躍し、祭祀にも携わっていたとされる。物部の「モノ」は精霊などの「魂《もの》」が由来という説がある。十種神宝には死者を蘇らせる力があるとされ、物部氏が軍事と祭祀の両面を受け持っていたことは興味深い。ヤマト王権の大王は祭祀を司る神聖王としての側面もあった。ここから見ると、物部氏は大王と同様の性格を持った氏族ということになる。

さらに石上神宮には、4世紀における貴重な記録が刻まれた七支刀が納められた。この七支刀には61文字が刻まれており、太和4年（369）に百済から倭王に贈られた旨が書かれている。石上神宮はヤマト王権の武器庫というのが一般的な見方だが、これだけの神宝を宮中に置かずに一豪族に管理させることは不自然に思える。これは、物部氏が王に連なるニギハヤヒの一族だったことが要因だったとも考えられる。

七支刀
石上神宮 所蔵
奈良県天理市の石上神宮に所蔵されている鉄剣で、61字の銘文には、369年に百済王から倭国王に贈られたことが書かれている。

ニギハヤヒになった狗奴国王

ではこのニギハヤヒとは誰だったのか。記紀には、ニギハヤヒをニニギの兄とする記述はないが、ホアカリという兄神がいたことは記されている。『旧事紀』ではニギハヤヒをこのホアカリと結びつけ、アマテラスの正統な子孫であるとしている。そして、このホアカリは尾張氏の祖となっている。

尾張氏はその名の通り、尾張国（愛知県西部）の国造《くにのみやつこ》である。愛知県名古屋市にある熱田神宮には、三種の神器の一つである草薙剣《くさなぎのつるぎ》が祀られており、ヤマト王権にとって伊勢と並ぶ重要拠点となっている。その一方で、記紀における尾張氏の記述は極端に少なく、古代に大王家の外戚として権勢を誇った葛城《かずらき》氏との姻戚関係にまつわる記事などがわずかにあるばかりだ。

東海地方では、三遠式銅鐸や人面文土器、S字甕など独特な文化が醸成され、濃尾平野が狗奴国の王都だった可能性について、第2章で指摘した。この狗奴国の王族こそがニギハヤヒだったのではないか。纏向遺跡を中心とする奈良県桜井市から天理市にかけての遺跡からは、東海系の土器が多く出土している。このことから、3世紀中頃から4世紀にかけて、東海の勢力が畿内勢力と結びついたことがわかっている。

また狗奴国勢力が前方後方形の首長墓だったことは前述したが、国内最大の前方後方墳である西山古墳（奈良県天理市）がある杣之内《そまのうち》古墳群は物部氏歴代の首長墓と考えられている。

西山古墳（奈良県天理市）
初期ヤマト王権の中心地に近い杣之内古墳群にある国内最大の前方後方墳で、墳丘長は約190mある。

草薙剣は、出雲の地に降り立ったスサノオがヤマタノオロチの体内から見つけた神剣で、その後、アマテラスに献上され、ニニギに引き継がれた。そして、最終的にホアカリ（ニギハヤヒ）を祖とする尾張にもたらされたことになる。つまり、草薙剣はヤマト王権（畿内－吉備－北部九州連合）と、東海・出雲という外縁勢力とを結びつける象徴物ということになる。

ニニギ－神武天皇につらなる北部九州＋畿内勢力に、狗奴国＋出雲勢力が加わったことでヤマト王権が成立し、中央に進出したのが物部氏（ウマシマジの子孫）であり、濃尾平野に残った本家筋が尾張氏となったとも考えられる。

アマテラスに神格を奪われた古代伊勢の太陽神

伊勢にいた太陽神

「まつらう」は「服う」と書き、服従することを意味する動詞である。「まつろわぬ神」とは、天上世界の神々から地上の統治権を与えられたとするヤマト王権に服従しない地方勢力や人物を指す。まつろわぬ神は時として、鬼や悪神、土蜘蛛といった蔑称で記紀に登場する。ただし、すべてのまつろわぬ神がヤマト王権に対して対立しているわけではなく、記紀や『風土記』には天皇に協力するまつろわぬ神も登場することから、あくまでもヤマト王権の勢力下に入らない独自勢力を指しているといえる。

まつろわぬ神の代表格が前述したナガスネヒコだが、イワレヒコがナガスネヒコと再戦する前に戦ったまつろわぬ神が、『伊勢国風土記』逸文に記されている。熊野に上陸後、大和の菟田《うだ》に至ったイワレヒコは、ナガスネヒコ討伐とともに「はるか天津の方（太陽がのぼる方角）にある国を平らげよ」という命令を出す。この命を受けたアメ

国内最大の船形埴輪　毎日新聞社 提供
三重県最大の前方後円墳である宝塚１号墳（松阪市）から出土したもの。伊勢はヤマト王権の東国進出の玄関口となった。

ノヒワケは東へ進み、そこで出会った神・伊勢津彦《いせつひこ》に領地の献上を求めたが、従わないため征討。伊勢津彦は、国土の献上と退去を約束させられた。伊勢津彦は真夜中にこの地を去る際に、大風を吹かせ、太陽のように光り輝き、四方を照らしながら東に去っていったという。

国譲りを求められて出雲の地を去ったタケミナカタの神話と同じパターンだが、興味深いことに伊勢津彦は出雲の神の子で、後に信濃国（長野県）に住んだとも記されている。ここにもタケミナカタとの不思議な一致が見出せる。そのため両神を同一神と見る説もある。

伊勢津彦は風の神であるとともに、真夜中に周囲を昼のように照らす姿から太陽神だったことがわかる。伊勢の地には、この伊勢津彦のほかにも太陽神が存在する。記紀に登場するサルタヒコだ。天孫ニニギが降臨する際に迎えに来た国津神で、一行を地上世界へと導いた。サルタヒコの姿は、鼻の長さは七咫《あた》、身長は七尺、目が八咫鏡のようで、ホオズキのように光り輝いているという異形だった。『伊賀国風土記』逸文には、サルタヒコは伊勢の土着の神となっている。

三重県伊勢市にある二見《ふたみ》興玉《おきたま》神社はサルタヒコを祀る神社で、海上にある興玉神石はサルタヒコが降り立った場所といわれる。海上の夫婦岩《めおといわ》にかけられたしめ縄越しに日の出を望め、太陽信仰の聖地となっている。

ヤマト王権の前線基地

伊勢神宮では20年に一度、式年遷宮と呼ばれる社殿や宝物の造替が行われ、日本最大の祭りとして知られる。この第1回式年遷宮が行われたのは690年のこととされ、これと前後して記紀の編纂がはじまる。その中で、伊勢の太陽信仰はアマテラスに一本化されたと考えられる。

伊勢津彦を征討したアメノヒワケの子孫は伊勢国造（地方を統治する豪族）となり、

夫婦岩（三重県伊勢市）
紀伊半島の東端の地にある伊勢では、古くから太陽信仰が盛んだった。二見興玉神社の海上にある夫婦岩にはしめ縄がかけられ、日の出を望む太陽信仰の聖地となっている。

そのうちの一族は伊勢神宮創建にあたり自らの領地を献上し大神主となった。これを代々世襲するのが、現在の伊勢神宮外宮神職の度《わた》会《らい》氏であるという。

大和から東に位置する伊勢は、ヤマト王権の東方進出の足がかりとなり、伊勢湾の対岸には、狗奴国があったとも考えられる濃尾平野が広がる。4世紀後半になるとヤマト王権の支配が東国へと広がり、伊勢の地はヤマト王権が直轄する前線基地となった。こうした中で伊勢はヤマト王権に組み込まれ、太陽信仰もアマテラスに吸収されたのである。

海幸《うみさち》・山幸《やまさち》神話に見る九州の隼人《はやと》族

鹿児島県に残る縄文文化

記紀が伝える有名な神話に海幸《うみさち》・山幸《やまさち》がある。ニニギの子にして神武天皇の祖父にあたるのが山幸彦（ホオリ）である。山幸彦には海幸彦（ホデリ）とホスセリという2人の兄がいた。海幸彦は海で漁を、山幸彦は山で狩りを行っていたが、ある日、互いに道具を交換することになった。ところが、山幸彦は兄の釣り針をなくしてしまう。これに海幸彦が激怒したことから山幸彦は海神《わだつみ》の宮に行き、その娘を妃に迎えて神宝を携えて戻った。そしてこの神宝の力で海幸彦を懲らしめた。海幸彦は山幸彦に恭順の意をあらわし、隼人族の祖となり、代々天皇家を守護する任に就いたという。

隼人族がいたのは、鹿児島県である。第2章でも紹介したゲノム分析（59ページ図参照）での縄文人度合いでは、鹿児島県は東北地方や島根県と同様に高い値を示しており、隼人族が独自の文化を有した一族だったことがわかる。海幸・山幸神話では、隼人族は天皇家に従ったことになっているが、実際に隼人族がヤマト王権に朝貢したのは、記紀が編纂される直前の682年、40代天武《てんむ》天皇の時代のことである。以降、6年ごとに隼人族は朝貢した。こうした背景が、記紀の海幸・山幸神話に反映されたのだろう。

しかし、その後も出雲同様に隼人族は半独立を保ち続けたようだ。養老4年（720）、隼人族は大規模な反乱を起こした。数千人の隼人族が七つの城に立て籠もって抵抗し、これに対して律令政府は1万人以上の軍勢を差し向けた。戦いは1年以上続き、養老5年（721）に隼人族が敗北。隼人族の戦死者と捕虜は1400人だったという。

九州南東部では、現在も大人《おおひと》弥《や》五郎《ごろう》と呼ばれる巨人を祀る祭礼が行われ、巨大な弥五郎人形が町内を練り歩く。この大人弥五郎はもともと隼人族の首長で、隼人の乱を起こした人物とも伝えられる。

大人弥五郎
鹿児島県曽於市の岩川八幡神社の祭りで出される「弥五郎どん」。隼人族の首長として現在も信仰されている。

神武天皇に対抗した熊野地方の女王たち

地元で信仰され続ける古代の女性首長

弥生時代の北部九州にあった伊都国には、強大な力を持った女王がいたことがわかっており、古代日本の首長は男女の性別に関係なく存在していた。神武東征に登場するまつろわぬ神にも多くの女性首長が登場する。

例えば、『日本書紀』では、イワレヒコ一行が名草《なぐさ》の村で、名草戸畔《とべ》という賊を征討したことが記されている。名草の地は現在の和歌山県海南市あたりだったと考えられ、「名草戸畔」はその地名を冠した名前だ。「戸畔」は、「トメ」「姥」などとも書かれ、古代の女性首長に与えられた称号だった。

海南市の古社・宇賀部《うがべ》神社の祭神である宇賀部大神は、火の神・カグツチとされるが、名草戸畔こそが同社の祭神であるという伝承が残っている。宇賀部神社の社伝では、イワレヒコ一行が名草村に上陸したのちに、同地を治めていた名草戸畔は服従することを拒否して戦いを挑んだ。しかし、最終的には殺され首を切り落とされてしまう。名草戸畔を慕っていた地元の村人は深く悲しみ、密かに討たれた首を持ち去って里に身を隠すと、近くの高倉山北麓、現在の宇賀部神社の地に首を埋葬して祀ったと伝わる。

紀伊半島に上陸したイワレヒコ一行はさまざまなまつろわぬ神の抵抗を受けるが、その中には３人の女性首長がいた。

　宇賀部神社は「おこべさん」の名で親しまれているが、この「おこべ」とは「御頭《おこうべ》」に由来すると考えられている。また海南市には名草戸畔の脚を祀ったとされる千《ち》種《ぐさ》神社、胴を祀る杉尾神社もあり、さらに、宇賀部神社の神職を務める小野田家は名草戸畔の子孫という伝承がある。名草戸畔を征討後、荒坂津《あらさかつ》では丹敷《にしき》戸畔から攻撃を受け、土地の神の毒気を受けた。さらに大和では、新城《にいき》戸畔が抵抗してきた。

ヤマト王権支配の後発地

紀伊半島東部に上陸したイワレヒコ一行は、ナガスネヒコ以外にも激しい抵抗を受けたことになる。紀伊半島は東西に山脈が伸びているために南北の移動が難しく、対外的な勢力が進出しにくい。実際に熊野地方がヤマト王権の勢力下に入ったのは遅かったようで、距離的に大和に近いにもかかわらず前方後円墳の造営の開始時期は4世紀後半である。

和歌山県内の4世紀後半の前方後円墳には、和歌山市の花山8号墳、海南市の山崎山5号墳、那智勝浦町の下里古墳の3基がある。このうち山崎山5号墳と下里古墳の被葬者は、副葬品から女性の可能性がある。山崎山5号墳がある海南市は名草戸畔の本拠地、下里古墳がある那智勝浦町はイワレヒコ一行の上陸地点だ。これらの地には伝統的に女性首長がいたのかもしれない。

土蜘蛛を征討するイワレヒコ
神武東征では、紀伊半島でさまざまなまつろわぬ神を征討し、その中には女性の地方豪族もいた。

第4章

ヤマト王権の日本統一戦争

絶対君主ではなかった大王

ヤマト王権のシンボルとなった前方後円墳

邪馬台国を経て3世紀後半には、これまで紹介してきた畿内、北部九州、吉備、出雲、東海のほか、タニハ（丹後地域）、上毛野《かみつけの》・武蔵（関東）、常陸、科野《しなの》（信濃地方）、越などの地方勢力も独自の勢力を醸成していった。邪馬台国の女王は各地の王によって共立された存在であり、卑弥呼や台与には直接統治するクニがなかったと考えられる。各地方で有力な豪族が個別に統治を行っており、邪馬台国の女王は、現在の国際連合の議長のような存在だった。

ヤマト王権のトップである大王もまた、絶対君主的な専制政治を行えたわけではない。このことはヤマト王権の象徴である前方後円墳からわかる。ヤマト王権成立後に全国的に広がっていった前方後円墳だが、当初は畿内で築かれるローカル古墳だった。鍵穴のような形状をした独特な前方後円墳がどのように生まれたのかははっきりしていな

佐紀盾列古墳群(奈良県奈良市)
畿内で生まれた前方後円墳は各地の祭祀文化が取り入れられ、ヤマト王権の勢力地に造営された。

いが、オーソドックスな円形の墳丘墓から発展したという説がある。
円形の墳丘をつくる場合、周囲の土を掘って盛り土をすることから周囲に溝ができる(周溝墓)。この周溝墓へつながる陸橋部分で祭祀が行われていたが、祭祀の規模が大きくなるにつれて、この陸橋部分が大型化していき、前方後円墳になったというわけだ。

日本各地の有力勢力の祭祀文化の導入

奈良県橿原市の瀬田遺跡では、方形の陸橋部分がある円形周溝墓が平成28年(2016)に見つかったが、これが前方後円墳の原型だという指摘もある。全長約26メートル、直径約19メートルで、2世紀後半の築造と推定される。この説をとれば、東海から東日本にかけて分布している前方後方墳は、方形周溝墓の発展系といえる。

ヤマト王権の前方後円墳には、各地の墳丘墓や祭祀形式が取り入れられた。前方後円墳の表面は葺石で覆われたが、こうした墳墓は出雲の四隅突出型墳丘墓に見られる特徴である。また副葬品には鏡・剣・玉類などが用いられたが、これらの組み合わせはほかの地域には見られない北部九州独自の文化であり、記紀では皇位継承のための三種の神器がこの組み合わせになっている。さらに古墳の墳丘上には多くの埴輪が並べられたが、吉備独特の形式である特殊器台が用いられた。一方、前方後方墳では、墳丘上に埴輪が置かれる例はあまり見られない。

こうして見るとヤマト王権の前方後円墳は、畿内の前方後円形の墳丘墓に、北部九州、出雲、吉備という主要勢力の弥生時代の祭祀文化が導入されていることがわかる。記紀は九州南東部を出発したイワレヒコが大和へ至って初代神武天皇に即位することを伝えているが、こうした武力による各地の平定ののちにヤマト王権が誕生した痕跡は見られない。

各地方の有力豪族を束ねることでヤマト王権は生まれ、各地方勢力に配慮をしながら運営されていったと考えられる。実際に、ヤマト王権の歴史的変遷は有力豪族とのパワーバランスに大きく影響を受けた。なかには王朝交代の可能性が論じられるほどの劇的

吉野ヶ里遺跡の王の模型
佐賀県吉野ヶ里遺跡で復元された古代の王の様子。ヤマト王権の大王は各地方勢力を束ねる盟主的存在だった。

な権力の変化もあり、ヤマト王権の大王が絶対君主的な専制政治を行っていたわけではなかったことがわかる。

ヤマト王権の大王は各地方勢力の盟主として君臨する一方で、地方勢力に大幅な統治権を残したままだったのだ。やがて時代が下るにつれて、ヤマト王権の統治方法はより体系化され、8世紀の律《りつ》令《りょう》政府へと結びついていく。記紀が編纂されたのは、こうした中央集権のシステムが確立する最中であり、天皇を中心とした朝廷による一括管理という国家像を新たに提示するため、神武東征のような大王主導の王朝誕生譚《たん》がつくられたと考えられる。

なぜ初期ヤマト王権は中国と交流しなかったのか

3世紀後半に増えた鉄の供給量

邪馬台国が積極的に中国王朝と交流したのに対して、初期のヤマト王権は5世紀初頭まで中国に使者を送ることはなかった。記紀においても初代神武天皇から13代成務《せいむ》天皇まで外国との交流はほとんど描かれず、14代仲哀《ちゅうあい》天皇の妃・神功皇后の時代に積極的な対外政策へ転換する。記述が多く実質的にヤマト王権の最初の大王と目される10代崇神天皇も疫病や飢饉、地方征討など主に国内問題ばかりが目立つ。

なぜ邪馬台国よりも地方勢力に統制力を発揮したヤマト王権が中国に対して交流を持たなかったのだろうか。その理由ははっきりしないが、中国王朝の後ろ盾を得る必要がなかったからだろう。

邪馬台国が長く見ても1世紀ほどで破綻したのに対して、畿内の勢力は王権を維持できた。そこには鉄の存在を無視することはできない。弥生時代にはすでに鉄器はもたら

鉄鋌　大阪大学考古学研究室 所蔵
古墳時代の日本では鉄鉱石から鉄をつくることができなかったため、規格化された鉄の板素材を輸入した。

されていたが、その数はそれほど多くなく、祭祀道具も青銅器が主流だ。ところがヤマト王権が誕生した3世紀後半になると、日本で鉄器が爆発的に普及しはじめる。それまで貴重だった鉄は有力者の武具に用いられていたが、農耕具などの日常品にも鉄が使われるようになっていった。

日本では、鉄の加工はできても鉄鉱石から鉄を生産する技術がまだなかった。そのため、鉄鋌《てってい》と呼ばれる短冊型に規格化された鉄板を輸入し、これを加工した。鉄が普及することで、農業の生産量が増え、古墳などの大規模な土木工事も可能になった。鉄をどれだけ持っているかがそのまま国力につながったのである。ヤマト王権はこの鉄の物流を独占的に管理し、その鉄を各地方の有力豪族に分配することを権力基盤にしたのだ。

邪馬台国もまた交易を独占するために、伊都国に「一大率」と呼ばれる役職を置いた。しかし、出雲や東海などは独自の交易圏を持っていたために、必ずしも一元的に管理できていたわけではなかった。大陸からもたらされる鉄をはじめとするモノや技術は各地に分散してしまっていたことになる。

交易において重要なのはスケールメリットである。大規模な取引であればあるほど、より安価で大量の輸出入が可能となる。そのため、相手もより大きな力を持った勢力との交易を優先する。ヤマト王権の誕生によって、日本で鉄の流通量が大幅に増えたのは、一元化による大規模交易ができるようになったためと考えられる。

国内問題から卑弥呼は魏に使者を送った

邪馬台国の女王・卑弥呼が魏に使者を送ったのは、国際政治に古代日本が参加するためではなく、むしろ国内的な問題からだった。諸勢力に担ぎ出された卑弥呼は、各国を圧倒する軍事力や経済力を持たない象徴的な存在である。狗奴国という脅威に対してリーダーシップを発揮するためには、地方勢力を従わせる後ろ盾と権威が必要だった。そこで魏と呉の対立を利用して、日本の地政学的な存在価値をアピールすることで、卑弥呼は「親魏倭王」の称号を得て、魏の後ろ盾を示す行政官・張政を派遣させることに成功したのだ。

邪馬台国に比べて、ヤマト王権には国内的な問題はそれほど多くない。東国への影響力はまだ小さいながらも、西日本では主要な勢力がヤマト王権に参画してほぼ盤石な政治体制を敷くことに成功し、安定的な鉄の供給ルートを確保した。『魏志』東夷伝では、朝鮮半島南東部の弁辰《べんしん》で生産された鉄を、韓（朝鮮半島南西部）、濊《わい》（朝鮮半島北東部）、倭（日本）の3国が入手していたとあり、中国の勢力範囲である帯方郡や楽浪郡にも供給されていた。この鉄は貨幣のように扱われていたとある。実際に古墳からは本来は鉄器をつくるための鉄素材にすぎない鉄鋌が副葬品として出土した例があり、鉄は威信財としての役割もあったことがわかる。

鉄の交易圏を管理することでヤマト王権の優位性は確保され、地方勢力にとってもヤマト王権に従うことでより安価で大量な鉄を獲得できるようになった。これによってヤマト王権はますます力を強めることになった。また、中国王朝と交流を持つことは、中国王朝に反発する朝鮮半島の一部や中国東北部の勢力に対して敵対することになる。鉄の安定供給が実現する中で、東アジアの弱小国家だった初期ヤマト王権がリスクを冒してまで、中国王朝に対して交流を持つ必要性はなかったのである。

ヤマト王権を支えた日本海のタニハ王国

出雲と肩を並べた日本海交易の中心地

ヤマト王権を支えたのは、朝鮮半島からもたらされる鉄の独占だったことを前述した。では鉄はどのようなルートで大和までもたらされたのだろうか。一つは、邪馬台国連合から継承した、朝鮮半島から北部九州－吉備－河内湾へと至る瀬戸内海ルートだ。対馬と壱岐を経由して、北部九州から瀬戸内海を通り、大和へと至るルートである。もう一つが主に出雲連合が使っていた日本海ルートで、朝鮮半島から北部九州を経由して出雲へ、あるいは朝鮮半島から直接出雲に至るルートでそこから日本海を北上する。ただし、ここで問題となってくるのが、日本海側から畿内へ至るルートが邪馬台国の時代にはなかったことである。

そこで重要となってくるのが、古代に「タニハ」と呼ばれた勢力だ。タニハとは但馬、丹波、丹後、若狭一帯の地域を指す。丹後地域には、伊勢神宮外宮《げくう》に祀られる食物の神・トヨウケの元宮とされる伝承地が残っており、タニハの呼び名は、田庭《たにわ》に由来するとされる。

2世紀にはタニハ王国とも呼べる大きな勢力となり、出雲と日本海側の覇権を争うことになる。出雲王国の象徴である四隅突出型墳丘墓は、日本海沿岸部に広がるが、このタニハの地域に造営されることはなく、出雲に与しない独自の勢力があったことがわかっている（51ページ図参照）。

タニハでは、方形の墳丘墓（方形台状墓）が数多くつくられている。1～2世紀につくられはじめた方形台状墓は、2世紀後半には王墓クラスにまで発展した。弥生時代の赤坂今井墳丘墓（京都府京丹後市）は東西約36メートル、南北約39メートルの方形墳丘墓で、211個の玉類を使った豪華な頭飾りや耳飾りが出土している。墓は内陸の盆地と海岸平野の交点に位置し、丹後地域を支配

天橋立（京都府宮津市）
日本三景の一つである天橋立はラグーンを形成し、天然の良港としてタニハの交易を支えた。

した首長の墓と推定される。

タニハが栄えたのは、出雲にも負けない地形的な特徴を持っていたからである。北部九州から北上した場合、丹後半島は島根半島の次の半島だ。宮津湾にある日本三景の一つ、天橋立は天然の良港となり、縄文時代から交易の拠点となった。

丹後は出雲と北陸の間にあるが、四隅突出型墳丘墓は見つかっていない。同じ日本海交易圏にあっても、出雲連合に加わらずに独自性を保っていたのである。ただし、出雲とタニハは全面的に争っていたわけではない。出雲でつくられた勾玉などの玉類、越のヒスイなどが丹後半島から出土しており、独自の勢力を維持しながら活発に交流していたことがわかる。

タニハを支えたガラスと鉄の加工

出雲は玉類や青銅器、越はヒスイを産出・生産していたが、丹後には特に目ぼしい産出品はなかった。そこでタニハは出雲や越と異なる独自性を打ち出した。それが古代タニハの代名詞であるガラスである。京都府与謝野町にある大風呂南1号墓からは国内で1例しかない青ガラス製の腕輪が出土したほか、1万2000点以上のガラス製品が出土している。高温を必要とするガラスは弥生時代の日本ではつくることができず、タニハは大量のガラスを輸入し、加工して日本各地にもたらした。

さらに重要だったのが、タニハが鉄の加工も行ったことだ。出雲では大量の青銅器がつくられたが、タニハはいち早く鉄に着目した。京丹後市の扇谷遺跡はタニハの一大加工場であり、鉄斧、鉄滓《てっさい》、ガラス塊などが出土している。

大風呂南1号墓から出土したガラス

京都府与謝野町教育委員会 提供

タニハでは輸入したガラスの加工技術が発達し、大風呂南1号墓からは国内で1例しかない青ガラス製の腕輪が出土した。

出雲勢力は、邪馬台国あるいはヤマト王権に対して、一定の距離感を保っていたが、タニハは出雲と対抗するために早い時期から畿内勢力と手を結んだ。京都府京丹後市の太田南古墳からは、卑弥呼が魏に使者を送る3年前の青龍3年（235）の銘が入った魏鏡が発見されている。邪馬台国の使者もまたタニハ経由で魏へ向かった可能性もある。タニハはヤマト王権成立後にも、日本海側の交易拠点として重要視されるようになっていったのである。

日本を縦断したアイアンロード・タニハ―淡路島ライン

本州で最も低い分水嶺を通る氷上《ひかみ》回廊

記紀では、アマテラスの両親であるイザナキとイザナミという夫婦神の子どもとして、日本列島が生まれるが、最初に出産されたのが淡路島だった。ニニギが降臨した九州南東部や神武天皇が即位した大和、あるいは国づくりが行われた出雲など、その後の記紀で描かれた神話の舞台はいくつもあるにもかかわらず、淡路島をはじまりの地としたことは不自然に思える。

平成27年（2015）、兵庫県南あわじ市から銅鐸7点が発見された。ただし、淡路島から出土した総数は21個で、兵庫県の本土側の方が多い。全国では500以上の銅鐸が発見されており、淡路がとりたてて古代の先進地域だったとは考えられない。ところが、発見された銅鐸は島根県出雲市の神庭荒神谷遺跡から出土した銅鐸と同じ鋳型《いがた》でつくられていたことがわかり、大いに注目を集めることになった。

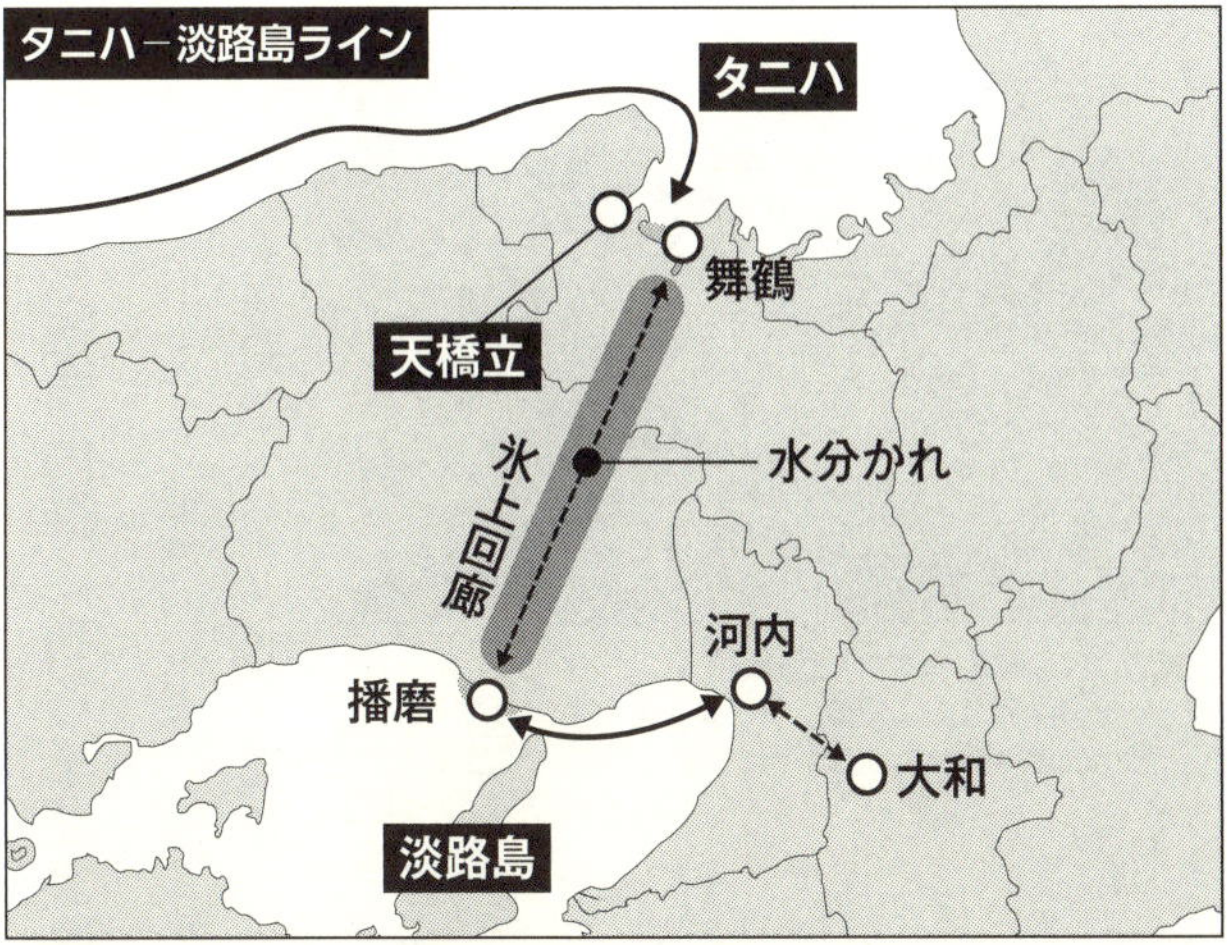

日本海側のタニハと瀬戸内海側の淡路島は、本州で最も低い中央分水嶺がある氷上回廊でつながっている。

実は、瀬戸内海と日本海は古代においても活発に交流していた。これを可能にしたのが水分《みわ》かれと呼ばれる日本で最も低い分水嶺である。西日本には東西に山脈が通っており、日本海側から瀬戸内海側に抜けるためには山越えが必要になってくる。ところが、日本海側の舞鶴湾に流れる由良川と瀬戸内海の播磨灘に流れる加古川の間は、本州で最も標高が低い分水嶺となっており、標高はわずか95・4メートルだ。二つの川は水分かれで結ばれ、「氷上回廊」と呼ばれる交易路となった。日本海からもたらされた産物は播磨灘から淡路島を経由して河内湾に入り、そこから大和川を通って畿内へともたらされることになったのだ。

日本海と瀬戸内海に残るイザナキ・イザナミ伝承

淡路島で出土した銅鐸が出雲と同じ鋳型のものだったのも、こうした日本海と瀬戸内海の交流を物語っている。日本海側からもたらされる最も重要なものが鉄である。そのため、淡路島は畿内勢力の鉄の生産工場の役割を担うようになった。淡路島の北部にある五斗長垣内《ごっさかいと》遺跡では、1世紀から2世紀にかけてすでに鉄器づくりが開始していたと考えられ、多数の鉄器が出土している。淡路島ではこのほかに墳墓の内部の装飾に用いる水銀朱の精製、島内で豊富に取れる良質な粘土による土器製造、製塩などを行った。淡路島は、国内外の物流と生産を担う重要拠点だったのである。

この淡路島と氷上回廊で結ばれたのが、舞鶴湾を勢力下に治めていたタニハである。日本海側勢力と淡路島とのつながりは、記紀にも残されている。例えば、イザナミは火の神を産んだ際の火傷が原因で

水分かれ(兵庫県丹波市氷上町)
氷上回廊の中間地点に位置し、由良川と加古川の二つの河川を結ぶ低湿地帯となっている。

神庭荒神谷遺跡（島根県出雲市）
復元された銅鐸と銅矛の出土状況。神庭荒神谷遺跡から出土した銅鐸と淡路島の銅鐸は同じ鋳型からつくられたことがわかっている。

亡くなるが、島根県安来市にある比婆山《ひば》にイザナミの神陵がつくられた伝承がある。一方、残されたイザナキが晩年を過ごし、淡路島で亡くなったことが『日本書紀』に記されており、このイザナキの神陵に創建されたのが伊弉諾《いざなぎ》神宮とされる。

宮津湾にある天橋立《あまのはしだて》にもイザナキの伝承が残る。『丹後国風土記』逸文では、天橋立はイザナキが天と地上の架け橋として創った浮き橋が倒れて天橋立になったという。タニハの主要港だったと考えられる天橋立と淡路島とのつながりを示す象徴的な伝承といえる。タニハ－淡路島ラインは、鉄によって政権を維持する初期ヤマト王権にとって生命線ともいえる物流ルートとなったのである。

淡路島からタニハへの鉄の加工拠点の移動

淡路島の鍛冶工房跡である五斗長垣内遺跡は2世紀になると衰退しはじめ、これに代わるように3世紀になると丹後半島の扇谷遺跡が盛り上がる。渡来人が多く訪れる先進地域であるタニハに、鉄の加工拠点が移されたと考えられる。

丹後半島には、4世紀にはいると巨大な前方後円墳が築かれるようになる。京都府京丹後市にある網野銚子山古墳は、日本海側最大の前方後円墳で、墳丘長は約201メートルある。このほか、神明山古墳（墳丘長約190メートル）、蛭子山《えびすやま》古墳（墳丘長約145メートル）などがある。

網野銚子山古墳は丹後半島の付け根、神明山古墳は扇谷遺跡につながる竹野川の河口部、蛭子山古墳は天橋立がある宮津湾側の丹後半島の付け根に造営されており、交易船の目印となるように、丹後半島の主要地に巨大古墳が造営されている。火の神の誕生は、すなわち新たな鉄の生産拠点タニハの誕生を意味し、天橋立の倒壊伝承はイザナキ（淡路島）の凋落を意味しているのではないか。またイザナミの墓所が出雲地方にあるのも、日本海側の交易において、交易権をタニハに奪われた出雲を象徴しているとも読み取れる。

ではなぜ記紀編纂にあたって、ヤマト王権の要となる鉄の重要拠点となったタニハではなく、淡路島がはじまりの地に選ばれたのだろうか。アイアンロードとして日本海ルートが重要視されたのは、瀬戸内海と日本海の潮流の差があったからだ。瀬戸内海の海流は非常に激しく、古代の船では安全な航海が困難だった。対馬海峡を抜けた対馬海流の速さは時速2キロ程度だが、瀬戸内海では海峡の多くで潮流は時速10キロを超え、最も早いところでは時速20キロ近くになる。出雲が邪馬台国連合に対抗できたのも安定した日本海航路のおかげであり、ヤマト王権誕生後も日本海航路は重要視されたのだ。

5世紀に入り造船技術が発達すると、陸路を使うことなく水路のみで大陸とつながれる瀬戸内海ルートがアイアンロードとなった。こうした中で、タニハの優位性は失われる一方で、淡路島の中継地としての重要性は変わらなかった。そのため淡路島がはじまりの地として選ばれたと考えられる。

五斗長垣内遺跡（兵庫県淡路市）
復元された鉄器づくりのムラ。淡路島では1世紀からすでに鉄の加工が開始されたが、タニハで鉄加工が盛んになったことから、2世紀になると衰退した。

ヤマト王権成立時期と異なる神武天皇即位年

中国王朝に対抗した「日本の正史」の創作

『古事記』では、33代推古《すいこ》天皇までの歴史が記されているが、天皇の没年が書かれているのは半分以下の15人だ。これに対して、国外の目を意識した正史の『日本書紀』は41代持統天皇までの歴史が記され、すべての天皇の没年もはっきりしている。

記紀ともに天皇の年齢を記しているために、記述をさかのぼれば初代神武天皇の即位年は、3世紀後半となるはずだ。ところが神武天皇の即位は紀元前660年とされ、考古学的な事実と一致しない。

さまざまな説があるが、対外的な正史をつくるにあたって、中国に負けない歴史を持つ必要があったとする説がある。日本では十二支が広く知られているが、かつてはこれに十干《じっかん》を加えてその年をあらわした。10の干と12の支が順番にめぐると60セットでき、そのため60歳を還暦と呼ぶ。この干支は年だけでなく日にも当てはめられる。『日本書紀』には、在位年や没年などの干支が記されているが、神武天皇が即位したのは、「辛酉年春正月庚辰朔」となっている。つまり、辛酉の年の1月1日で、その日の干支は庚辰だったというのだ。

これは辛酉の年に天命が革《あらた》まり、1260年ごとに大変革が起きるとする中国の辛酉《しんゆう》革命の思想に則ったものだ。ここから大変革を行った推古天皇が在位中の辛酉の年（601年）から1260年前の紀元前660年が神武元年とされた。実際に暦に当てはめて計算すると、辛酉の年でかつ元日が庚辰の年は、紀元前660年以外存在しない。『日本書紀』の作者は、古典籍や暦・天文にも通じた人物だったようだ。

紀元前660年即位が最初に決められたことで、歴史との整合性を取るために『日本書紀』の作者は悩んだことだろう。そこで考え出されたのが、天皇の寿命の水増しだ。古代の天皇の多くは異常なまでの長い寿命を持っているのだ。記紀では寿命が異なるが、16代までの天皇の中で100歳を超えるのは、『古事記』では7人、『日本書紀』では12人に上る。『魏志』倭人伝では、倭人は長寿であり80～100歳まで生きるという記述があり、日本を「不老不死の桃源郷」のように考えていた。そのため、正史であっても年齢の水増しは問題にはならなかったといえる。

8人の天皇は創作されたのか

古代ではありえない父子継承

神武天皇の即位年のほかに、記紀ではもう一つ大きな創作とされるのが、2代から9代までの天皇だ。これら8人の天皇の記述は極端に少なく、『日本書紀』では出自や家族構成、宮や陵墓の場所、崩御年などが記されるのみで、事績が記されることなく単なるデータ集となっている。

さらにこれら8人はすべて父子継承となっている。明治時代以降、皇位はすべて父から子に継承されているが、古代においては稀なことだった。父子継承は記紀が編纂される8世紀からの慣習であり、それまで、兄弟継承、嫡長子継承が一般的だった。こうしたことから2代から9代までの天皇は時代合わせのための創作とも考えられ「欠史八代」と呼ばれる。

一方で年齢が水増しできるのにもかかわらず、わざわざ欠史八代を創作する理由は低い。『日本書紀』では欠史八代のうち2代綏靖《すいぜい》天皇は84歳、3代安寧《あんねい》天皇は57歳、4代懿徳《いとく》天皇は77歳と、当時としては異常な長寿としてもあり得ない寿命ではない。『古事記』ではさらに短く、2～4代天皇の寿命はいずれも50歳以下だ。

10代崇神天皇は紀で１２０歳（記で１６８歳）、15代応神天皇は紀で１１０歳（記で１３０歳）となっている。崇神天皇も応神天皇も実在が有力視されている天皇だが、その寿命は創作といっていいだろう。もし時代合わせのために人物を創作したのならば、欠史八代の寿命をもっと水増しすればいいことになる。そのため何らかの人物を取り込んだ可能性は否定できない。

欠史八代創作の論拠の一つは事績の少なさだが、時代合わせを目的として創作されたのならば、リアリティを持たせるために何らかの事績を加えればいいだけの話だ。ところが、2～9代の天皇はあえてデータのみを記しているように見える。こう

歴代天皇年齢

天皇	古事記	日本書紀
初代 神武天皇	137歳	127歳
2代 綏靖天皇	45歳	84歳
3代 安寧天皇	49歳	57歳
4代 懿徳天皇	45歳	77歳
5代 孝昭天皇	93歳	113歳
6代 孝安天皇	123歳	137歳
7代 孝霊天皇	106歳	128歳
8代 孝元天皇	57歳	116歳
9代 開化天皇	63歳	116歳
10代 崇神天皇	168歳	120歳
11代 垂仁天皇	153歳	140歳
12代 景行天皇	137歳	106歳
13代 成務天皇	95歳	107歳
14代 仲哀天皇	52歳	52歳
15代 応神天皇	130歳	110歳
16代 仁徳天皇	83歳	143歳

古代の天皇は寿命が長く100歳以上のことも珍しくなく、欠史八代だけが長寿というわけではない。

したことから、欠史八代が実在した重要人物であるために掲載したが、大王にはならなかった人物だったとも考えられる。

　歴史学者の鳥越健三郎氏は、欠史八代の宮や陵墓がいずれも葛城地方に集中していることから、崇神天皇に滅ぼされた葛城王朝の大王だったと主張した。ただし、今日では歴史学者の多くが葛城王朝の存在には否定的だ。葛城氏以外にもそのほかの有力豪族や、あるいはヤマト王権以前にいた可能性があるニギハヤヒの一族、邪馬台国時代の王や有力者といった可能性も指摘されているが想像の域を出ない。

和風諡号《しごう》からわかる欠史八代

　欠史八代が創作とする論拠に和風諡号がある。諡号とは天皇の死後につけられる尊称で、「神武」「崇神」という漢風諡号とともに、和風諡号も各天皇につけられている。このうち欠史八代の和風諡号の一部は、後世の和風諡号の一部と一致する。

　3代安寧天皇のシキツヒコタマテミ、4代懿徳天皇のオオヤマトヒコスキトモ、5代孝昭天皇のミマツヒコカエシネの「ヒコ」は15代応神天皇以前の皇子や、氏族の祖となる人物に多い。6代孝安天皇のヤマトタラシヒコクニオシヒトの「タラシ」は34代舒明《じょめい》天皇と37代皇極《こうぎょく》天皇の和風諡号に用いられており、この2人はいずれも「天皇」号を用いはじめたとする説があり、陵墓は中国思想の影響が強い八角墳だ。7代孝霊天皇のオオヤマトネコヒコフトニ、8代孝元天皇のオオヤマトネコヒコクニトル、9代開化天皇のワカヤマトネコヒコオオヒヒの「ヤマトネコ」は43代元明天皇と44代元正天皇が用いた和風諡号で、2人は母娘の関係で、ともに女帝となった。また元正天皇の時代に『日本書紀』が完成している。

8世紀の和風諡号かつ『日本書紀』を完成させた元正天皇が用いた和風諡号を持った7～9代は創作と見ていいだろう。6代もまた記紀がヤマト王権の大王をすべて「天皇」としたことから、「天皇」号にゆかりが深い人物として創作された可能性が高い。一方で、オリジナルの和風諡号である2代や、時代が近い「ヒコ」の和風諡号を持つ3～5代は実在の人物の可能性がある。

後述するが、初代神武天皇と10代崇神天皇には多くの共通点があり、崇神天皇が実質的なヤマト王権の初代大王だったとする説が有力視されている。1代と10代というキリがいい数字に対して、その間を埋めるための縁者は中途半端な数だった。仮に6～9代のみが創作だったとすれば、崇神天皇は6代ということになる。そのため、すべてではないにしても数合わせのための創作が行われたと考えられる。

崇《す》神《じん》天皇は邪馬台国の男王だった

考古学からわかるヤマト王権の初代大王

『日本書紀』の作者によって、初代神武天皇の即位は紀元前660年に設定された。そのため、実在性はともかくとして、神武天皇をヤマト王権の初代大王とする見方はあまり多くない。そこで有力視されているのが、10代崇神天皇である。

崇神天皇には多くの事績が記されているが、纏向遺跡に近い三輪《みわ》山関連のものが多い。崇神天皇5年に疫病が発生し、人口の半数が失われた。それまで、宮内にアマテラスとオオクニタマを祀っていたが、崇神天皇は畏れ多いことだとして、二神を宮外に遷した。このうちアマテラスは三輪山の笠縫邑《かさぬいむら》に祀られ、のちに伊勢神宮に遷座された。

崇神紀7年条には、災害が多発した際に7代孝霊天皇の皇女・モモソヒメが神懸かりし、オオモノヌシを祀るように告げたとある。そこで三輪山にオオモノヌシを祀ったところ、疫病が治まった。三輪山にある大神神社は日本最古の神社の一つとされ、三輪山の

三輪山（奈良県桜井市）
崇神天皇が宮を営んだ纏向遺跡は、疫病や災害の際にオオモノヌシを祀った三輪山の麓にある。

山中には古代の祭祀跡である磐座《いわくら》（石の祭祀場）が発見されている。記紀では、箸墓古墳がモモソヒメの墓と伝える。『日本書紀』では箸墓古墳について、昼は人がつくり、夜は神がつくったとされ、人々は大坂山から墓まで石を手渡しで運び葺石をしたことが記されている。

初代神武天皇が宮を構えた地が橿原《かしはら》だったのに対して、崇神天皇の宮である磯《し》城瑞籬《きのみずかき》宮は三輪山麓と考えられており、神懸かりしたモモソヒメの陵墓で、卑弥呼の墓ともいわれる箸墓古墳のほか、3世紀の巨大前方後円墳が点在する。記紀における崇神天皇の事績と考古学から見たヤマト王権の初代大王像は一致するのである。

古墳様式からわかる卑弥呼から崇神天皇への系譜

漢風諡号からわかるように、崇神天皇は多くの祭祀を行い、各地には崇神天皇の時代に創建された伝承を持つ神社が多くある。卑弥呼は「鬼道」と呼ばれる呪術を用いたとされるが、崇神天皇が邪馬台国の元男王だったとすれば、こうした神聖王としての性質を投影していることも納得がいく。またヤマト王権は前方後円墳という墓制と祭祀形式を規格化して、勢力下の地方に広げた。武力ではなく、祭祀の統一によって連合体制を整えた初期ヤマト王権の統治政策にもつながる。

考古学者の岸本直文氏は、古墳の造営様式に着目した。古墳は前代のものを踏襲、あるいはアップデートして造営される。そこで、各古墳様式を分析したところ、箸墓古墳にはじまる主系列と、3世紀後半の桜井茶臼山《さくらいちゃうすやま》古墳にはじまる副系列に分類できた。

これらの主系列の造営年代から、3世紀中頃の箸墓古墳は卑弥呼の墓、3世紀後半の西殿塚古墳は台与の墓と推測することができる。そして、この主系列に崇神天皇陵とされる行燈山《あんどんやま》古墳があるのだ。

『日本書紀』では、崇神天皇の即位年は、神武天皇の即位年を基準とした場合、紀元前97年から前29年となり、考古学的には合致しない年代となっている。ただし、『古事記』には没年を戊寅の年と記述しており、これを実際のヤマト王権の成立時期の戊寅の年とした場合、２５８年もしくは３１８年没ということになる。

同じ敬称を持つ神武天皇と崇神天皇

卑弥呼が亡くなったのは２４７年（あるいは２４８年）頃であり、『晋書』武帝紀には、泰始２年（２６６）に倭人の使者が朝貢した記述がある。これは一般的には台与の使者と考えることが多い。『梁書』倭伝では、台与のあと、再び男王を立てたことが記されているが、崇神天皇の没年を３１８年とすれば、この男王こそが崇神天皇ということになり、箸墓古墳の築造時期とモモソヒメの伝承も矛盾しなくなる。そして、邪馬台国が発展して寡頭《かとう》体制となり、ヤマト王権が生まれたことになる。崇神天皇は、邪馬台国の最後の男王にしてヤマト王権初代大王だったとも考えられるのである。

神武天皇には「始馭天下之天皇」、崇神天皇には「御肇国天皇」という敬称があり、どちらも「ハツクニシラス天皇」と読む。前者は天下（世界）を治める最初の天皇、後者は国を治める最初の天皇とほぼ同じ意味だ。そのため、神武天皇と崇神天皇を同一人物とする説もあり、紀元前６６０年に日本が建国されたことを示すために、ヤマト王権の初代大王を２人の人物に分けて記述し、欠史八代を創作したことになる。

四道将軍とヤマトタケルは大王だったのか

武力を発揮した四道将軍とヤマトタケル

神聖王としての性格を示す10代崇神天皇だが、一方で武力によって各地を征討させた事績も伝えられている。崇神紀10年条には、東海道にオオヒコ、東海道にタケヌナカワワケ、西海道にキビツヒコ、丹波道にタニハノミチヌシという4人の将軍（四道将軍）を派遣したとある。このうちのオオヒコは遠征の途中、山城国（京都府）で8代孝元天皇の皇子・タケハニヤスヒコが反乱を企てているとして鎮圧している。崇神紀60年条には、出雲のイヅモフルネをキビツヒコに征討させたとある。

この四道将軍とよく似た征討伝承がある人物が、12代景行天皇とその皇子であるヤマトタケルである。『日本書紀』では、景行紀12年条に九州南部の熊襲《くまそ》が朝貢を拒んだことで、自ら軍を率いて九州に遠征し、九州全域を時計回りに巡って、大分県で青・白・打猿《うちさる》、鹿児島県で熊襲、熊本県で兄熊《えくま》・弟熊《おとくま》などを討ったとある。

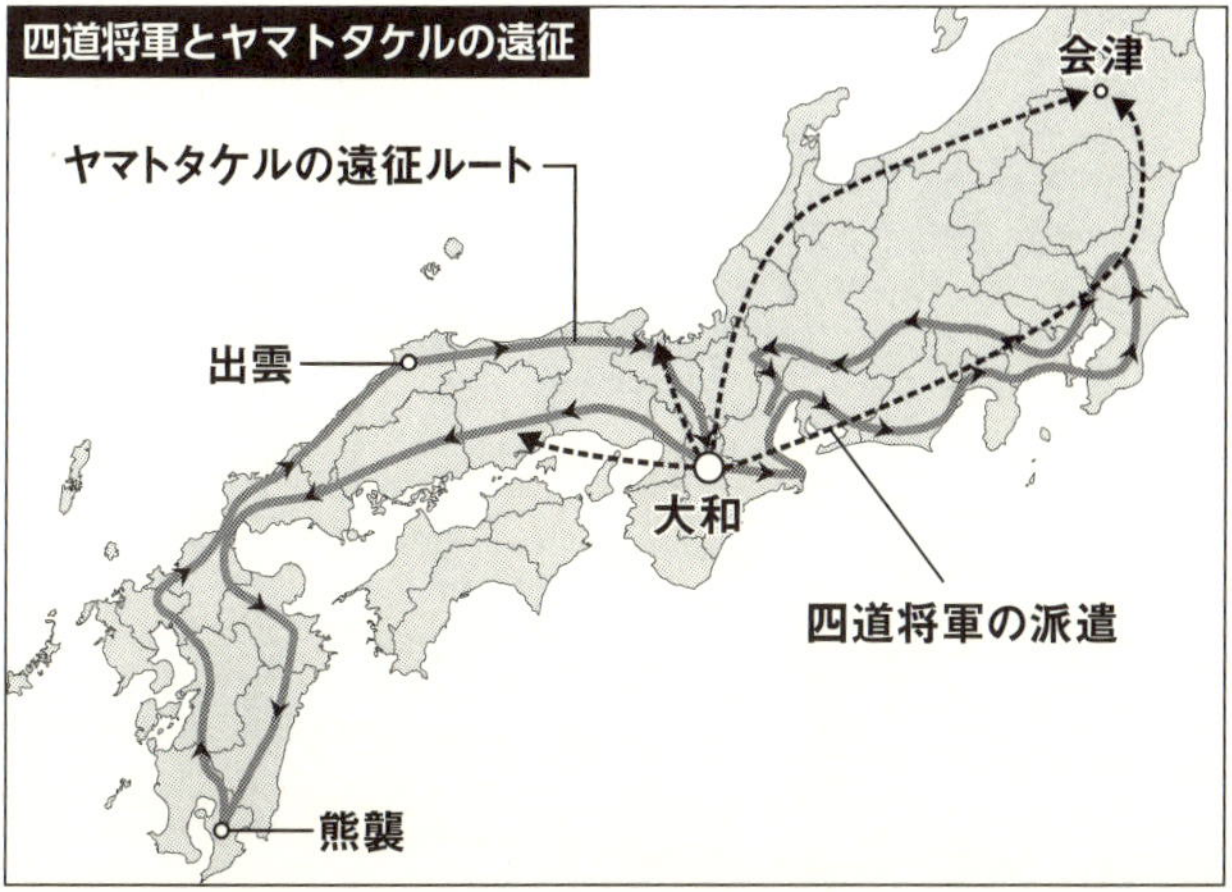

10代崇神天皇の時代の四道将軍の遠征と、12代景行天皇の時代のヤマトタケルの遠征ルートは前方後円墳の分布の拡大と一致する。

その15年後、ヤマトタケルは父・景行天皇の命を受けて、美濃や尾張の東海勢力の豪族を従えて西へ進み、再び熊襲を征討し、帰路に吉備や難波（大阪府）を征討している。一方、『古事記』では帰路で討ったのは出雲のイヅモタケルとなっている。

その後、ヤマトタケルは東国へ転戦することになる。『日本書紀』では、吉備の勢力や軍事氏族の大伴《おおとも》氏らを従えて東国を平定し、さらに東北地方まで転戦した。ヤマトタケルはこの東征で三種の神器の一つである草薙剣を携えたが、帰路で亡くなったことから尾張の熱田神宮に祀られた。

ヤマトタケルが死亡したとされる能褒野《のぼの》（三重県亀山市）には、4世紀末の能褒野王塚古墳がある。

三重県はヤマト王権の軍事的な拠点だった地であり、ヤマトタケルの最後の妃が尾張国造の娘である宮簀媛《みやずひめ》となっていることから、東海地方と深いつながりがあったことがわかる。四道将軍と景行天皇・ヤマトタケルの遠征には共通点が多く、これらの遠征はそのまま前方後円墳の分布範囲の拡大の変遷に近い。これらの遠征はヤマト王権の勢力圏を示したものといえる。

二面性を持った崇神天皇の謎

ヤマト王権の初代大王と考えられる崇神天皇だが、在位当初の神聖王としての性格に対して、四道将軍の派遣による強硬路線はまるで別人のような不自然さがある。また景行天皇は自ら遠征するなど、それまでの大王像とは大きく異なる。

歴史学者の岸本直文氏が6基の巨大古墳を分析したところ、主系列と副系列に分類できるとした。主系列の古墳が初瀬川の北側にあるのに対して、副系列の二つの古墳は南側のやや離れた場所にあるという地理的な違いもある。

岸本氏はこれらの二系統について、神聖王と執政王の2人が並び立つ祭政分離王政だったためとしている。つまり、主系列は神聖王の陵墓、副系列は執政王の陵墓ということだ。実際に『魏志』倭人伝には、卑弥呼には男弟がおり、国の統治を助けたことが記されている。

築造年代から箸墓古墳を卑弥呼の墓とすると、主系列の3基は神聖王である卑弥呼、台与、崇神天皇と見ることができる。副系列には、3世紀中頃から末の桜井茶臼山古墳、3世紀末から4世紀初頭のメスリ山古墳、4世紀中頃の渋谷向山古墳（景行天皇陵）がある。これら6基の古墳はいずれも大王墓クラスであり、箸墓古墳（卑弥呼）→西殿塚古墳（台与）→桜井茶臼山古墳→メスリ山古墳→行燈山古墳（崇神天皇）→渋谷向山古墳（景行天皇）の順番で造営されたと考えられる。

副系列は、副葬品から軍事面を担う執政者と考えられ、実際に渋谷向山古墳は景行天皇陵に比定されている。桜井茶臼山古墳とメスリ山古墳には記紀に陵墓としての記述がなく、被葬者はわかっていない。この二つの古墳からは鏡や玉類とともに鉄剣や弓などが出土しており、被葬者は武人的な存在であるとともに、大きな権力を持っていたことがわかっている。そのため、この二つの古墳の被葬者は四道将軍ではないかとも考えられる。令和6年（2024）、崇神天皇陵とされる行燈山古墳で、ドローンを使って空からのレーザー測量が行われた。その結果、後円部の頂上に四角い高まりが浮かび上がり、未盗掘の埋葬施設の可能性があるという。天皇陵は宮内庁が管理しており発掘調査は難しいが、今後の報告が待たれる。

ヤマト王権の交易を発展させた執政王

ヤマト王権の勢力地に派遣された四道将軍

四道将軍の征討先を見ると、ヤマト王権成立時の地方の有力勢力であることがわかる。すなわち、東海、越、吉備、タニハであり、のちにこれに出雲が加わる。実際には初期ヤマト王権において大規模な戦乱はなかったため、これらは王都がある畿内から見たヤマト王権の勢力範囲を示したものだろう。

令和5年（2023）、桜井茶臼山古墳から国内最多の103面以上の銅鏡破片が見つかった。これらの銅鏡は副葬の際には完全な形だったという。奈良県立橿原考古学研究所は、「トップクラスの古墳として、王陵にはそれ以下のクラスとは段違いの数量、内容の副葬品があったことを初めて示す資料」としている。これまで国内で一度に出土した銅鏡の最多数は平原遺跡（福岡県糸島市）の40面だった。畿内では黒塚古墳（奈良県天理市）の33面が知られるが、桜井茶臼山古墳の銅鏡はその3倍にもなる出土数だ。

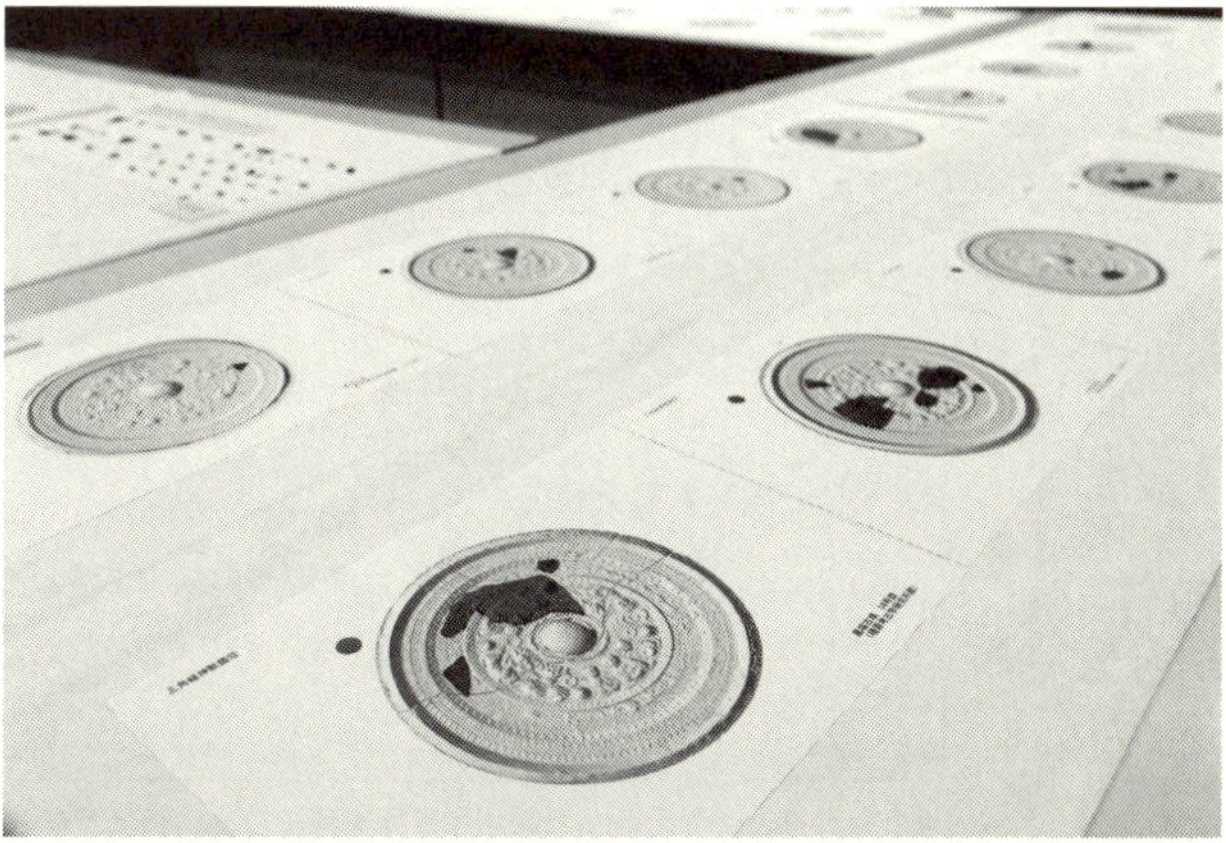

桜井茶臼山古墳から出土した銅鏡片
共同通信社 提供
執政王の王墓と目される桜井茶臼山古墳からは103面以上の銅鏡破片が発見された。

平成21年（２００９）の調査では「是」と記された三角縁神獣鏡の破片が確認され、正始元年（２４０）の銅鏡と同じ鋳型でつくられたことがわかった。銅鏡はヤマト王権が有力豪族に配布した威信財であり、桜井茶臼山古墳の被葬者は圧倒的に力を持った大王クラスの人物だったと考えられる。

またこの時の調査では、竪穴式石室の壁や天井、石材の見えない部分にまで水銀朱が染められていたことが判明し、その総量は２００キロを超えた。朱色は古代において重要視された色で、朱の原料となる丹《に》（辰砂《しんしゃ》）は、硫化水銀からなる鉱物で、朱色をしている。そしてこの丹からは水銀が取れる。『魏志』倭人伝には、倭人の習俗として、朱丹《しゅたん》を体に塗っており、山から丹

イワレヒコ一行が上陸した紀伊半島南東部には、水銀朱が採取できる鉱山地帯が広がっている。

が取れると書かれている。

神武東征の際には、イワレヒコ一行は九州から畿内に入る際に、わざわざ紀伊半島の南端へと迂回し、熊野から北上したことになっている。畿内の勢力の抵抗があったとはいえ、この迂回は不自然だ。記紀ではアマテラスの子孫である一行が太陽に向かって進軍したことによって災いを受けたという説明がなされるが、やや苦しい理由づけである。

これに対して、紀伊半島南東部に上陸したのは、この地にある鉱物資源獲得の歴史をあらわしているとする見方もある。熊野地方には、水銀朱をあらわす「丹」がついた地名が多くある。実際に奈良県宇陀市には大和水銀鉱山があり、7世紀後半から8世紀後半にかけて編纂された『万葉集』にも詠まれている。ヤマト王権が鉄のほかに水銀朱も独占したとも考えられ、桜井茶臼山古墳は絶大な力を持った王だったことがここからもわかる。

交易ネットワークを築いた桜井茶臼山古墳の被葬者

桜井茶臼山古墳が執政王、すなわち四道将軍の陵墓だとすれば、大量の鏡や朱が発見されたことも納得できる。タニハからもたらされる鉄や銅鏡などの輸入品、越から産出される輸出用のヒスイ、紀伊半島の南東部で産出される交易用の朱、軍事的に大きな力を持った吉備など、いずれも桜井茶臼山古墳の被葬者につながるからだ。

岸本氏の二王並立説が正しければ、四道将軍もまた景行天皇と同じ、軍事面を担った執政王ということになる。桜井茶臼山古墳の被葬者は明らかにほかの大王の陵墓に引けを取らないどころか、それを上回る権力者だったことがうかがえる。

記紀編纂時には、王朝のトップは天皇に一本化されており、二王並立は都合が悪い。そのため、神聖王の崇神を天皇とし、執政王だった四道将軍は「天皇」から「将軍」に格下げしたのではないだろうか。さらに、前述した欠史八代も四道将軍以前の執政王だった可能性がある。

一方で景行天皇のように執政王の方が「天皇」とされたケースもあったとも考えられる。『常陸国風土記』ではヤマトタケルを「倭武《やまとたける》天皇」と表記している。これは執政王だったヤマトタケルを大王として認識していたことの名残とも考えられる。

初期ヤマト王権の北限と日高見国《ひたかみ》

裏付けられた四道将軍の征討範囲

ヤマト王権が成立した3世紀後半から4世紀初頭にかけての勢力範囲は、四道将軍の派遣が示すように東北南部にまで及んでいたのだろうか。四道将軍のオオヒコは東海地方から北上した。一方、北陸に進んだタケヌナカワワケは越を平定後に東に進み、2人は福島県で出会った。会津の地名はこの故事にならったものだという。さらにオオヒコの子がタケヌナカワワケであり、両者はともにヤマト王権の北限を守る武人的な性格を持った親子である。

オオヒコとタケヌナカワワケが出会った福島県会津若松市には、4世紀前半の前方後円墳である杵ガ森古墳などがあり、ヤマト王権成立の早い段階から四道将軍の記述の通りの勢力範囲があったことがうかがえる。

四道将軍が派遣された吉備、東海、タニハはいずれも地方王権と呼べるほどの勢力を

城の山古墳　毎日新聞社 提供
ヤマト王権の勢力の北限である城の山古墳からは鏡・勾玉・剣のほか、弓や靫などの武具が出土した。

誇っていた。一方、越はほかの3地域に比べるとそれほど大きな勢力ではなかった。しかし、この地は初期ヤマト王権の勢力圏の北限にあたるために重要視されており、４世紀後半には、北陸で２番目に大きい前方後円墳である墳丘長約１４０メートルの秋常山古墳群1号墳（石川県能美市）が築造されている。

新潟県北部の胎内市にある城の山古墳は、ヤマト王権の勢力圏の日本海側の北限を示す古墳といわれる。城の山古墳は、ヤマト王権成立直後の４世紀前半に造営された円墳で、墳丘長約39メートルある。この城の山古墳からは、平成24年（２０１２）の発掘調査で、直径約10センチの中国製の銅鏡「盤龍鏡《ばんりゅうきょう》」、ヒスイの勾玉、鉄製の大刀が出土した。鏡、勾玉、剣は、三種の神器と同じセットであり、ヤマト王権の副葬品と共通する。

これら以外にも、弓につける国内最古の両頭金具や菱形文靫《ゆき》が出土した。靫は矢を入れる筒で、滋賀県以北では初めて出土した。纒向から直線距離で約500キロ離れた地にまで、初期のヤマト王権は勢力を伸ばしていたのである。

ヤマト王権が戦った日高見国

ヤマト王権の北限地域の勢力が対峙していたのは、蝦夷《えみし》と呼ばれるまつろわぬ神であり、『日本書紀』には、蝦夷は陸奥《むつ》国（東北地方の太平洋側）の奥にある日高見国に住む勢力として記されている。常に弓矢を持つ凶暴な集団であることが強調され、ヤマト王権に従わない蛮族とされた。

ヤマト王権と蝦夷との本格的な衝突は8世紀に入ってからだが、『日本書紀』には12代景行天皇が宰相の武内宿禰《たけのうちのすくね》に日高見国を視察させる記述がある。また、景行天皇はヤマトタケルに東征を命じるが、その際に東北地方で蝦夷の首魁を服従させたという。ヤマト王権の勢力圏の拡大とともにすでに両者は衝突していた可能性は高い。城の山古墳から出土した弓矢とヤマト王権から与えられた中国製の銅鏡は、いずれもヤマト王権と日高見国との境界を意味していると考えられる。

第５章

ヤマト王権内の武力闘争

なぜ神功《じんぐう》皇后は創作されたのか

4世紀後半にあった古代の朝鮮出兵

日本国内では九州から北陸地方、東北地方南部にまで勢力圏を伸ばし、全国的な交易ネットワークを構築したヤマト王権は、国外へも進出していく。ヤマト王権の交易ネットワークは朝鮮半島南部にまで及んだ。晋が4世紀に入ると弱体化し、中国大陸は大小いくつもの国が乱立する状態になった。こうした動乱は朝鮮半島にも大きな影響を与えた。朝鮮半島は、高句麗、百済、新羅という三つの大国が拮抗する三国時代を迎えていたが、北方の高句麗は弱体化した晋の領土を奪って領土を拡大していった。高句麗は南にも侵攻を進め、新羅や百済、伽耶《かや》（加羅）諸国などが位置する半島南部への勢力拡大をうかがうようになった。

4世紀にヤマト王権が活発に交易をしたのは、朝鮮半島南西部の百済と南部の伽耶諸国である。ヤマト王権は、伽耶地域に産出する鉄資源や、先進技術を求め、積極的に交流を図った。こうした交流の一例が奈良県天理市の石上神宮に所蔵されている七支刀で、4世紀後半に百済王から倭王に贈られたことが刻まれている。

こうした中で、南へ進む高句麗と朝鮮半島南部の権益を維持したいヤマト王権との間で戦いが起きている。これが記録上の日本の国外戦争の最初の例である。5世紀初頭に

好太王碑(中国吉林省)
高句麗の好太王の事績が刻まれた石碑で、4面に刻まれた合計1802字の中には、4世紀のヤマト王権が朝鮮半島に進出した記述がある。

建てられた好太王碑《こうたいおうひ》（中国吉林省）には、高句麗の広太王（広開土王《こうかいどおう》）の業績が刻まれているが、ここにはヤマト王権が朝鮮半島に出兵した様子が記されている。

好太王碑には、３９１年に倭国が海を渡り百済などを討ち破って臣下としたため、高句麗は百済に侵攻した。３９９年には百済が再び倭国と同盟を結んだので、高句麗は再び百済に派兵した。同時期に新羅に倭国が侵攻し新羅王を倭国の臣下にしたため、新羅が高句麗に救援を求めてきた。そのため5万の大軍を送ったところ、倭国軍は撤退した。４０４年には、倭国軍が高句麗の帯方地方に侵入してきたので、これを討って大敗させたという。朝鮮半島最古の正史である『三国史記』新羅本紀にも4世紀後半にヤマト王権が朝鮮半島に進出したことが記されている。

海外に進出した神功皇后は実在したのか

ヤマト王権による朝鮮出兵と似た記述が記紀にある。『日本書紀』では、急逝した14代仲哀天皇に代わって、神功皇后が自ら軍を率いて海の彼方の国に出兵し、新羅、百済、高句麗が服属を誓ったとされる。これは「三韓征伐」と呼ばれる。このほか、神功皇后摂政47年条には百済と新羅の朝貢をめぐる争い、同49年条には伽耶諸国の平定と百済への割譲、同52年条には七枝刀《ななつさやのたち》（七支刀）が献上されたことが記されている。さらに神功皇后摂政62年条には、神功皇后の命を受けた葛城氏によって新羅に再侵攻が行われたとある。

『日本書紀』の神功皇后の記述と好太王碑の記述には共通点が多いが、神功皇后には魚の大軍が軍船を押して助けたといった神懸かり的なエピソードが多いため、創作された人物と考えられている。神功皇后の伝承が完成したのは7世紀中頃であるといわれるが、この時期はヤマト王権の地盤が安定し、朝鮮半島への進出が検討されはじめた時期である。記紀の作者は、外国の歴史書も参考にしているため、『三国史記』などにあった倭国による朝鮮半島進出を神功皇后の大遠征として脚色したものと考えられる。

ただし、神功皇后が創作された存在ならば、なぜ朝鮮半島へ出兵した人物をわざわざ女性としたのか疑問が残る。神功皇后摂政39年条の註釈には、『魏志』倭人伝に、景初3年（239）に「倭女王」が魏の皇帝に使者を送ったことが記されており、記紀の作者が神功皇后と卑弥呼を重ね合わせていたことがうかがえる。その理由は、神武天皇の即位年を660年とした場合、神功皇后の即位年は200年から269年となり、ヤマト王権の朝鮮半島への出兵時期に重なる。おそらく、記紀の作者は外国の歴史書の年代との合致性よりも、国内の歴史との時代合わせを優先したのだろう。そのため、朝鮮出兵の指導者が女性にされたと考えられる。

巨大古墳の建造地に見る古代の〝南北朝時代〟

中国王朝の力を利用したヤマト王権

朝鮮半島を巡る高句麗－新羅連合とヤマト王権－百済連合の権益争いは、徐々に高句麗－新羅連合側が有利になっていった。この状況を打開するために、ヤマト王権は邪馬台国時代から断絶していた中国王朝への使節派遣を再開した。こうして中国の歴史書に倭国が書かれない「空白の4世紀」が終わり、時代は「倭の五王」たちが登場する5世紀を迎えることになった。

宋の正史『宋書』での倭王の登場は、421年に倭王・讃が入貢し、除授を賜ったという記述からはじまる。その後438年には讃の跡を継いだ倭王・珍が「使持節都督倭、百済、新羅、任那《みまな》、秦韓《しんかん》、慕韓《ぼかん》、六国諸軍事 安東大将軍 倭国王」（以下、「六国安東大将軍」）を自称して朝貢に臨み、自称よりもランクが低い「安東将軍 倭国王」に任じられる。

「六国安東大将軍」とは、日本と朝鮮半島5国での軍事指揮権を持つ官位であり、ヤマト王権が宋に朝鮮半島の権益を認めてほしいことを願い出たということになる。ところが宋は六国を冠しない「安東将軍」のみ、つまり東方を治める将軍の称号のみを与えた。ヤマト王権の勢力を信用せずに、高句麗に配慮した形となっている。

しかしその後、４５１年に倭王・済が、「六国安東大将軍」に任じられた。ところが次の倭王・興は「安東将軍」のみである。その次の倭王・武は、４７８年に再び「六国安東大将軍」に任じられた。「六国安東大将軍」は、中国王朝が朝鮮半島の権益を倭国に認めるものである。

倭の五王がヤマト王権のどの大王にあたるのかは、さまざまな説がある。なぜならば宋書では、讃と珍は兄弟、済の子が興と武ということは記されているが、珍と済の関係が記されていないからだ。武については、ヤマト王権が宋に伝えた事績が記紀の記述と重なり、幼名が「幼武《わかたける》」だった21代雄略天皇という説が有力視されており、ここから済＝19代允恭《いんぎょう》天皇、興＝20代安康《あんこう》天皇ということがわかる。これに対して、讃には15代応神天皇、16代仁徳天皇、17代履中《りちゅう》天皇、珍には16代仁徳天皇、18代反正《はんぜい》天皇などといった説がある。

中国の歴史書による倭の五王の称号

中国の王朝	遣使年	倭王	受けた称号
宋（420~479）	421	讃	
	425		
	438	珍	安東将軍 倭国王
	443	済	安東将軍 倭国王
	451		使持節都督 倭·新羅·任那·加羅·秦韓 慕韓六国諸軍事 安東（大）将軍 倭国王
	462	興	安東将軍 倭国王
	478	武	使持節都督 倭·新羅·任那·加羅·秦韓 慕韓六国諸軍事 安東大将軍 倭王
斉（479~502）	479		鎮東大将軍
梁（502~557）	502		征東将軍

『宋書』の倭王の系図

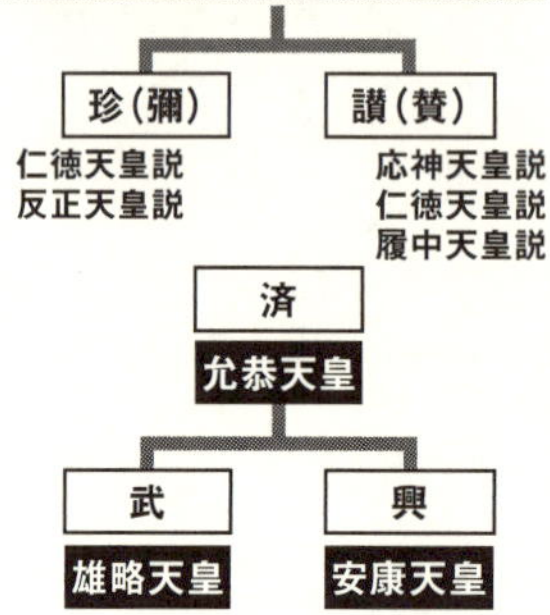

記紀の天皇の系図

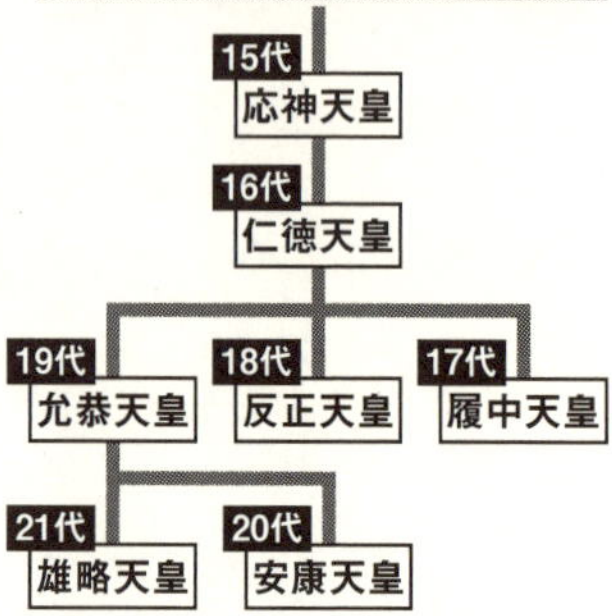

葛城氏が暗躍する二つの王統の対立

なぜ宋は、讃・珍と済・興・武のセットに分けたのか。ここで注目すべきは、倭の五王の時代の巨大古墳の造営地がなぜか2ヶ所に分かれていた点だ。5世紀に入ると、古墳造営は奈良盆地から河内平野へと移され、古市古墳群（大阪府羽曳野市・藤井寺市）と百舌鳥古墳群（大阪府堺市）でそれぞれ形成された。

二つの古墳群の距離は15キロほどで、間に遮る山もない。当時は一面に平野が広がっており、わざわざ2ヶ所に分けて古墳を造営するのは非効率である。文献史料を見ると、百舌鳥古墳群には16代仁徳天皇・17代履中天皇・18代反正天皇、古市古墳群には15代応神天皇・19代允恭天皇・21代雄略天皇・22代清寧天皇の陵墓がある。

二つの古墳群と『宋書』による二つの倭王のセットからは、両者に何らかの確執があったことがうかがえる。ここに絡んでくるのが古代に多くの后妃を大王家に出した有力豪族・葛城氏の存在である。百舌鳥古墳群に陵墓がある16代仁徳天皇、17代履中天皇の后は葛城氏出身だが、古市古墳群に陵墓がある19代允恭天皇や21代雄略天皇は葛城氏と対立したエピソードが記紀に記されているのだ。

ここから兄の履中天皇系統と弟の允恭天皇系統の王統の対立があったことがうかがえ

百舌鳥古墳群（大阪府堺市）
大阪湾に面した地にあり、16代仁徳天皇、17代履中天皇、18代反正天皇など、履中天皇系統の古墳が造営されている。

る。5世紀に入り、ヤマト王権の力が強まるとともに、さまざまな権益が絡まり合うようになった。こうした中で、古代の南北朝時代ともいえる王統同士の対立が生まれたのである。

倭の五王は、中国王朝の後ろ盾を得た外交成果を上げたように思えるが、実は高句麗には「驃騎《ひょうき》大将軍」といった倭の五王に与えたよりも数段高い地位を与えている。中国を利用して高句麗を牽制する外交は意図したほどの成果は得られなかった。479年に宋が滅亡したこともあり、ヤマト王権の大王は朝貢をやめ、独自の権力強化と国力増強へと

古市古墳群（大阪府羽曳野市・藤井寺市）
百舌鳥古墳群より内陸にあり、19代允恭天皇、21代雄略天皇、22代清寧天皇など、允恭天皇系統の古墳がある。

政策を転換させていった。

ただし、倭の五王が宋への朝貢を行ったのは、ヤマト王権内の有力な王族や豪族たちに自らの権力をみせつけるという内政的な意味合いもあった。さらに倭の五王は、配下の13人にも「平西将軍」「征虜《せいりょ》将軍」などの授与も求めた。叙任の推薦権を独占することで豪族たちが独自に宋に接触することを防ぎ、王権内の序列化をはかることで、ヤマト王権内の内部抗争を防ごうとしたのかもしれない。両王統がいずれも宋に朝貢したのも、二つに分かれたヤマト王権内の豪族を統制する必要があったのではないだろうか。

ヤマト王権対吉備の20年戦争

交易によって栄えた5世紀最大の地方勢力

倭の五王の時代により大きな勢力になったのが、吉備である。5世紀の倭の五王の時代になると、多くの渡来人が日本を訪れて先進的な技術が取り入れられるようになった。造船技術と操船技術の向上によって、それまで航海が難しかった瀬戸内海航路が積極的に使われるようになったのである。タニハや出雲などの日本海ルートの地方勢力が衰退する一方で、吉備や播磨で鉄加工が盛んになっていった。

吉備は第1章で紹介したように、最初の倭国王・帥升の王都とも考えられる楯築墳丘墓があった古代からの先進地域だった。岡山県南部には吉井川、旭川、高梁川という三つの川によってつくられた、肥沃で広大な沖積平野が広がり、1年のうち晴天の日が多く、地震や火山なども少ない。吉備は地理的なアドバンテージに恵まれた土地だったことから、日本屈指の豊かな地域へと発展した。

5世紀になると、吉備は瀬戸内海ルートの物流と鉄加工の一大拠点となり、地方豪族として最大の勢力を誇った。それがよくわかるのが、5世紀前半の造山《つくりやま》古墳と5世紀中頃の作山《つくりやま》古墳である。造山古墳の墳丘長は約350メートルで全国4位、作山古墳の墳丘長は約282メートルで全国10位の規模を誇る。いずれもヤマト王権の大王墓クラスの巨大古墳である。

令和4年(2022)、この造山古墳の後円部墳頂から埋葬施設に伴うとみられる五つの板状の石が並ぶように出土し、未確認だった埋葬施設が現存し、古代の吉備王が今も眠っている可能性が高まっている。古墳規模1位は大仙古墳(16代仁徳天皇陵)、2位は誉田御廟山《こんだごびょうやま》古墳(15代応神天皇陵)、3位は上石津《かみいしづ》ミサンザイ古墳(17代履中天皇陵)である。このうち最初に築かれた上石津ミサンザイ古墳は、造山古墳と同時期に造営されたと考えられ、墳丘長も10メートルしか違わない。

巨大古墳は、瀬戸内海沿岸部につくられ、海上交通におけるランドマークとしての役割があった。そのため、倭の五王が瀬戸内海ルートで最も重要な河内湾と吉備に巨大古墳が築かれたと考えられる。

造山古墳（岡山県岡山市）
全国4位の造山古墳の墳丘長は約350mで、畿内の大王墓クラスの規模を誇る。

允恭系王統に反旗を翻した三つの反乱

造山古墳が、履中天皇陵と同時期にほぼ同規模でつくられたことからわかるように、吉備は履中系統の王統と近い関係にあったと考えられる。それを裏付けるように、允恭系統の21代雄略天皇の時代に、吉備は大規模な反乱を何度も起こしている。『日本書紀』によると、４６３年、吉備上道田狭《きびのかみつみちのたさ》は、妻の稚媛《わかひめ》を雄略天皇に奪われたため、新羅で反逆を企てた。これに対して、雄略天皇は４６５年に新羅に遠征するが、失敗に終わっている。国内では同年、天皇への不忠があったとして、吉備下道前津屋《きびのしもつみちのさきつや》が一族もろとも討たれた。

吉備と允恭系統の戦いはその後も続く。４７９年に雄略天皇が亡くなると、雄略天皇が吉備氏から奪った稚媛との間の子である星川稚宮《ほしかわわかみや》皇子が、兄の22代清寧《せいねい》天皇に対して反乱を起こした。吉備氏は軍船40隻で救援に向かったが、星川皇子は大伴氏らの軍事氏族によって鎮圧され殺された。

上石津ミサンザイ古墳（大阪府堺市）
百舌鳥古墳群にある17代履中天皇陵で全国3位の規模を誇る。吉備の造山古墳とほぼ同規模で、造営時期も5世紀前半と重なる。

二つの王統の争い、特に雄略天皇によって多くの皇族が殺害されたことで、子どもがいなかった清寧天皇の代に、皇統断絶の危機を迎える。そこで各地で皇族を探したところ、吉備と並ぶ瀬戸内海のもう一つの勢力地である播磨で、市辺押磐《いちのべのおしは》皇子の遺児２人が見つかった。市辺押磐皇子は履中天皇の子で、雄略天皇に殺された人物である。発見された２人の皇子はその後、４８５年に23代顕宗《けんぞう》天皇、４８８年に24代仁賢《にんけん》天皇として即位している。最初の反乱から20年以上が経過して、履中天皇と吉備氏の系統の天皇が即位したのである。吉備は、倭の五王の時代に交易によって隆盛を誇った一方で、允恭系統と履中系統の王朝の対立に翻弄されたのである。

ヤマト王権の軍事力を支えた関東の半独立国

吉備と並ぶ関東の一大勢力

5世紀の倭の五王の時代になると、鉄とともにもう一つ、ヤマト王権の主要産業が勃興した。大陸からもたらされた馬である。多くの渡来人が移り住み、巨大古墳が造営された河内平野には、5世紀に百済から馬文化が渡来し、騎馬戦に適した武具の変化をもたらした。5世紀のヤマト王権では、河内で馬の生産がはじめられ、これによってヤマト王権の軍事力は増強した。馬の生産はやがて、長野県や群馬県などの東国や宮崎県などの九州南部へと広がり、ヤマト王権の産業の一つとなった。

このヤマト王権の馬の生産を担ったのが、北関東の上毛野で、現在の群馬県にあたる。この「群馬」の地名も5世紀にはじまった馬の生産によるものだ。

『日本書紀』では、上毛野氏の祖は、10代崇神天皇の皇子・トヨキイリヒコとされている。実際には古代から上毛野には地方勢力があったことから、これは後世の後付けだ

八幡塚古墳（群馬県高崎市）
5世紀後半に造営された前方後円墳で、現在は復元されている。周囲には上毛野で多く飼育された馬の埴輪も並べられている。

ろう。馬の生産を担う重要拠点である上毛野に対するヤマト王権の配慮がうかがえる。

前橋市には、4世紀中頃に造営された最大級の前方後方墳の前橋八幡山古墳（墳丘長約130メートル）や、ほぼ同規模の前方後円墳である前橋天神山古墳（墳丘長約129メートル）などがあり、古墳時代の早い段階から大きな勢力となっていた。

上毛野氏は5世紀になるとさらなる発展を遂げ、巨大古墳が造営されるようになった。5世紀前半造営の太田天神山古墳（太田市）は、関東地方最大の前方後円墳で墳丘長は約210メートルを誇る。200メートルを超える前方後円墳は、畿内と吉備を除くと上毛野にしかなく、「西の吉備」と並ぶ「東の上毛野」として繁栄したことがわかる。

太田天神山古墳の埋葬用の石棺や墳丘から発見された水鳥形埴輪などは畿内の古墳に用いられた同時代の最新式スタイルであり、被葬者はヤマト王権を支える有力な同盟者だったと考えられる。また金井《かない》東裏《ひがしうら》遺跡（渋川市）では、平成24年（２０１２）に国内で初めて古墳時代の人骨が甲《よろい》をまとった状態の「甲を着た古墳人」が発掘されている。

ヤマト王権の軍事面を支えた氏族

馬の生産には大陸からの最先端の知識が必要となる。そのため、上毛野氏が朝鮮半島の国々との交渉に関する伝承も多い。神功皇后摂政49年条によると、上毛野氏のアラタワケとカガワケが将軍に任じられ、新羅に派遣された。また、応神紀15年条には百済に遣わされ、日本に『論語』を伝えた王仁《わに》を連れ帰ったとある。６６３年には、滅亡した百済を救援するため、上毛野稚子《わかこ》が朝鮮半島に派遣された。上毛野氏は、百済や新羅との対外交渉に携わった一族だったとみられる。

こうした記述を裏付けるように、上毛野では5～6世紀にかけての百済系の土器やガラス、新羅系の金銅冠・靴、馬具、伽耶系の耳飾りなどが発見されている。『日本書紀』

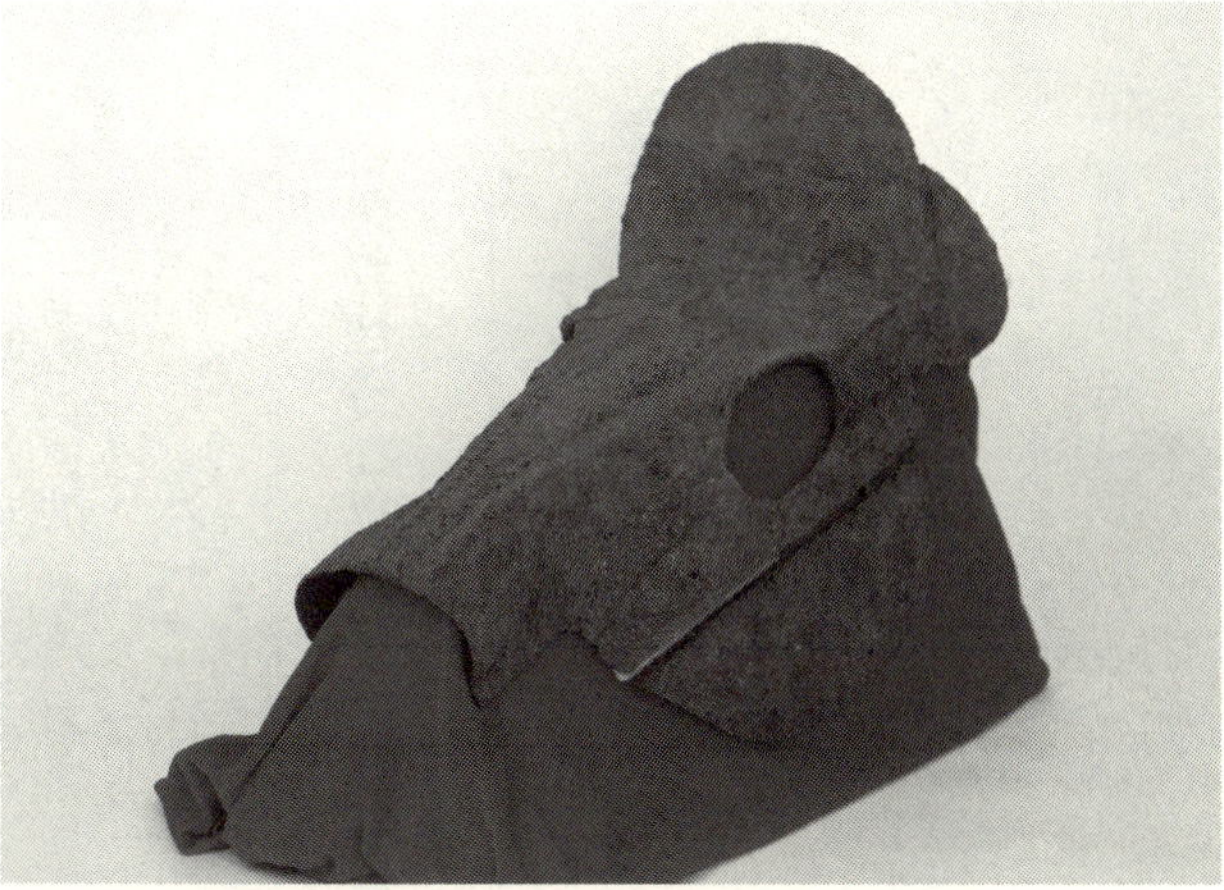

馬冑　埼玉県立さきたま史跡の博物館 所蔵
埼玉県行田市の埼玉古墳群にある稲荷山古墳から出土した馬の冑。上毛野と武蔵は友好関係を結んでいた。

では、上毛野氏が朝鮮半島に派遣された際に捕虜として新羅の住民を連れてきたとあるが、実際には朝鮮半島との交流を通して、多くの渡来人が上毛野にやってきて定住したことが明らかになっている。

しかし6世紀に入ると、ヤマト王権の産業を支える主要地域には、屯倉《みくら》と呼ばれるヤマト王権の直轄地が置かれるようになり、ヤマト王権の地方支配が進んだ。そのような中で、武蔵国造の地位を巡って同族の内紛が起き、両者はヤマト王権と上毛野にそれぞれ救援を求めた。結果はヤマト王権が支援した方が勝利しことで、関東にも屯倉が置かれ上毛野もヤマト王権の支配を強く受けるようになった。

なぜ継体天皇は「応神天皇の子孫」とされたのか

汚名を着せられた25代武烈《ぶれつ》天皇

17代履中天皇系統と19代允恭天皇系統との二つの王統の争いは、21代雄略天皇の時代に激化し、やがて允恭系統の22代清寧天皇と、履中系統の兄弟である23代顕宗天皇と24代仁賢天皇が皇位についたことで一応の決着がついたかのように見えた。ところが、その後も二つの王統の対立は続いたようだ。顕宗天皇と仁賢天皇はともに允恭系統から后を迎えている。特に仁賢天皇の后は祖父を殺した21代雄略天皇の皇女である。

この2人の皇子として生まれた25代武烈天皇は、『日本書紀』では天皇にもかかわらず、妊婦の腹を切り裂く、爪を剝《は》がして山芋を掘らせる、桶に人を押し込めて流して矛で突き刺すなど、暴虐の限りを尽くす人物として描かれている。ただし、こうした記述は『古事記』には見られない。

二系統の争いによってこの時代にはついに皇位継承者が畿内にいなくなってしまっ

継体天皇と倭彦王の系図

倭彦王は14代仲哀天皇の5世の孫、25代武烈天皇と26代継体天皇は15代応神天皇の5世の孫となっている。

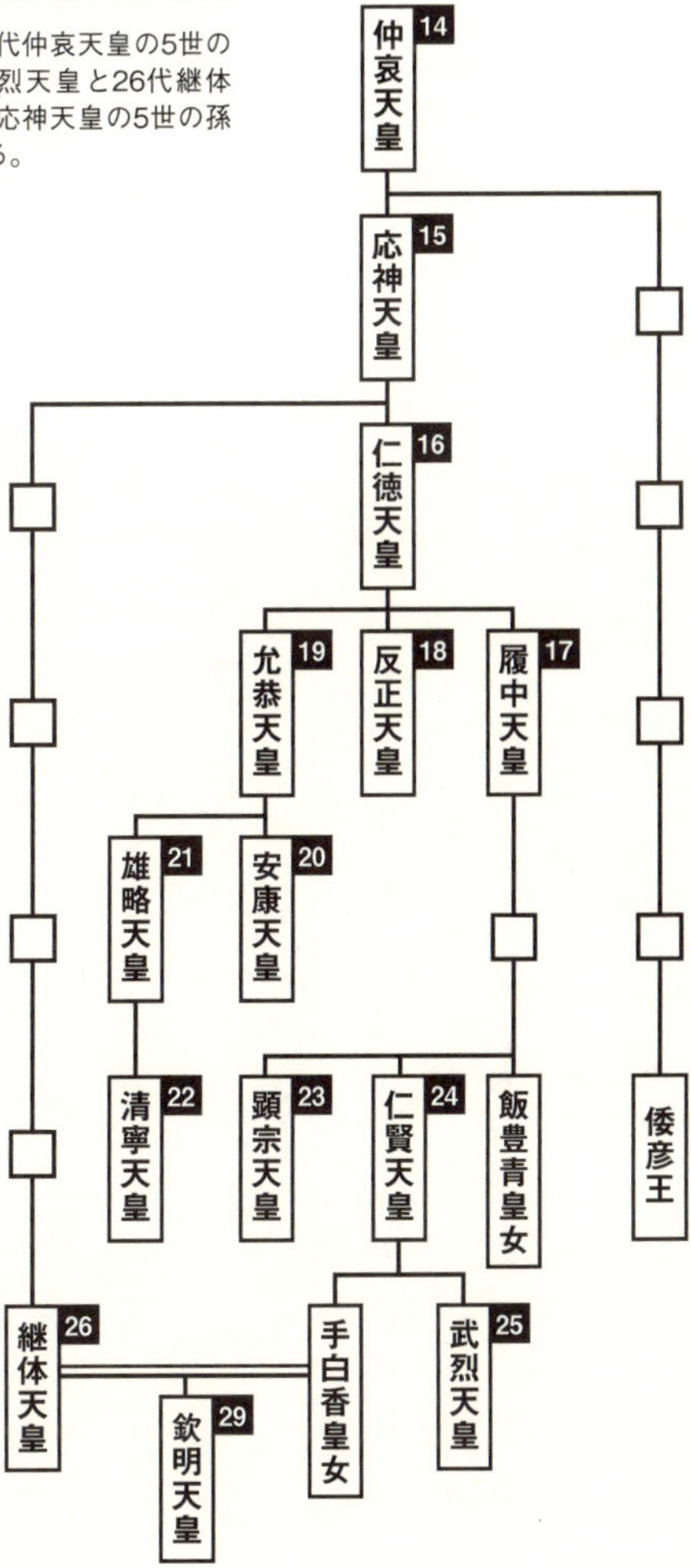

た。『日本書紀』は中国の正史を強く意識している。そのため皇統断絶の危機に対して、徳のない皇帝が天命によって交代する「易姓《えきせい》革命」の思想が取り入れられたとされる。皇統断絶の理由を武烈天皇に汚名を着せることで説明したのだ。武烈天皇には子がいなかったため、ヤマト王権内の有力豪族たちは皇位継承者を各地から探すことになった。これは22代清寧天皇の時とまったく同じストーリーである。

二つの王統対立を終わらせるための秘策

最初に選ばれたのが、タニハに拠点を置く倭彦《やまとひこ》王だった。ところが倭彦王は迎えにきた兵を見て驚き逃げ去ってしまった。こうして白羽の矢が立ったのが越にいたオオド王だった。このオオド王を迎えにいったのは、大伴金村《かなむら》と物部麁鹿火《あらかひ》である。こうしてオオド王は26代継体《けいたい》天皇として即位した。倭彦王は14代仲哀天皇の5世の孫、オオド王は15代応神天皇5世の孫である。ともに「5世の孫」となっており、しかもその先祖は仲哀天皇と応神天皇だ。ここには記紀の作者の意図が感じられる。

5世の孫ということは、武烈天皇と継体天皇は10親等も離れており、ほぼ他人といってもいいほどである。おそらくより近い皇族はいたはずだ。それでも「5世の孫」にこだわったのは、武烈天皇もまた応神天皇の5世の孫にあたるからだろう。

応神天皇以降、河内平野に巨大古墳を築いた大王たちは、履中系統と允恭系統に分かれて争った。百舌鳥古墳群にある16代仁徳天皇の陵墓の近くに17代履中天皇と18代反正天皇の陵墓がある。つまり履中系統は王統の祖として仁徳天皇を見ている。一方、古市古墳群にある允恭系統は古市古墳群に陵墓がある。応神天皇の陵墓は古市古墳群にあるが、応神天皇の陵墓参考地は百舌鳥古墳群にあり、応神天皇はどちらの王統とも目されない存在だ。

さらに仲哀天皇5世の孫である倭彦王が逃げ出したことにも注目したい。仲哀天皇陵は古市古墳群にあるが、河内への王権の移動は応神天皇からといわれる。仲哀天皇はその移行期の天皇であり、九州に遠征するなど、むしろ12代景行天皇などの執政王に近い存在だ。倭彦王の名も河内ではなく大和の王権を想起させる。2人の出身地もまた倭彦王はタニハ、オオド王は越で、倭の五王時代以前の先進地域である。

ここまで見ると、倭彦王とオオド王はともに、履中系統にも允恭系統にも属さない存在であり、倭の五王時代には力を失った日本海側の勢力の出身ということがわかる。葛城氏や吉備氏は履中系統に属し、平群《へぐり》氏などは允恭系統に属した。履中系統と允恭系統の王統の争いをリセットさせるために、両系統の争いがはじまる前の系統で、既得権益のない地方勢力出身者が選ばれたと考えられる。

兄弟同士が争ったポスト継体の二王朝並立時代

継体天皇の死去からはじまった混乱

越出身かつ履中系統にも允恭系統にも属さない26代継体天皇が即位したことで、二つの王統の争いが終結したかというと、必ずしもそうではなかった。継体天皇を擁立した大伴氏と物部氏はともに履中系統に属する豪族である。こうした中で継体天皇は24代仁賢天皇の皇女（25代武烈天皇の妹）である手白香《たしらか》皇女を后に迎えた。仁賢・武烈天皇との連続性を保ちながら、履中系統と允恭系統の両方の血を引く手白香皇女を迎えることで、両者の系統からも支持される存在となろうと考えたのだ。

ところが継体天皇は、即位後もすぐに王都がある大和に入ることはなく、河内の樟葉《くすは》宮、山城（京都府）の筒城《つつき》宮と弟国《おとくに》宮と、奈良盆地の外に宮を構えた。ようやく大和入りしたのは、即位から20年後のことで、継体天皇は大和入りしてからわずか5年で亡くなっている。ここから、両系統に分かれた豪族同士の対立は解消されることなく、残っていたと推測できる。
　2つの系統に分かれた豪族たちの間では、両系統融和の象徴として即位した継体天皇が531年に亡くなると、対立が再び表面化する。継体天皇には安閑《あんかん》、宣化《せんか》、欽明《きんめい》という皇子がいた。こうした中で豪族たちは、尾張氏出身の目子《めのこ》媛の子である安閑・宣化擁立派と、手白香皇女の子である欽明擁立派に分かれて対立するようになった。

継体天皇の3皇子関係図

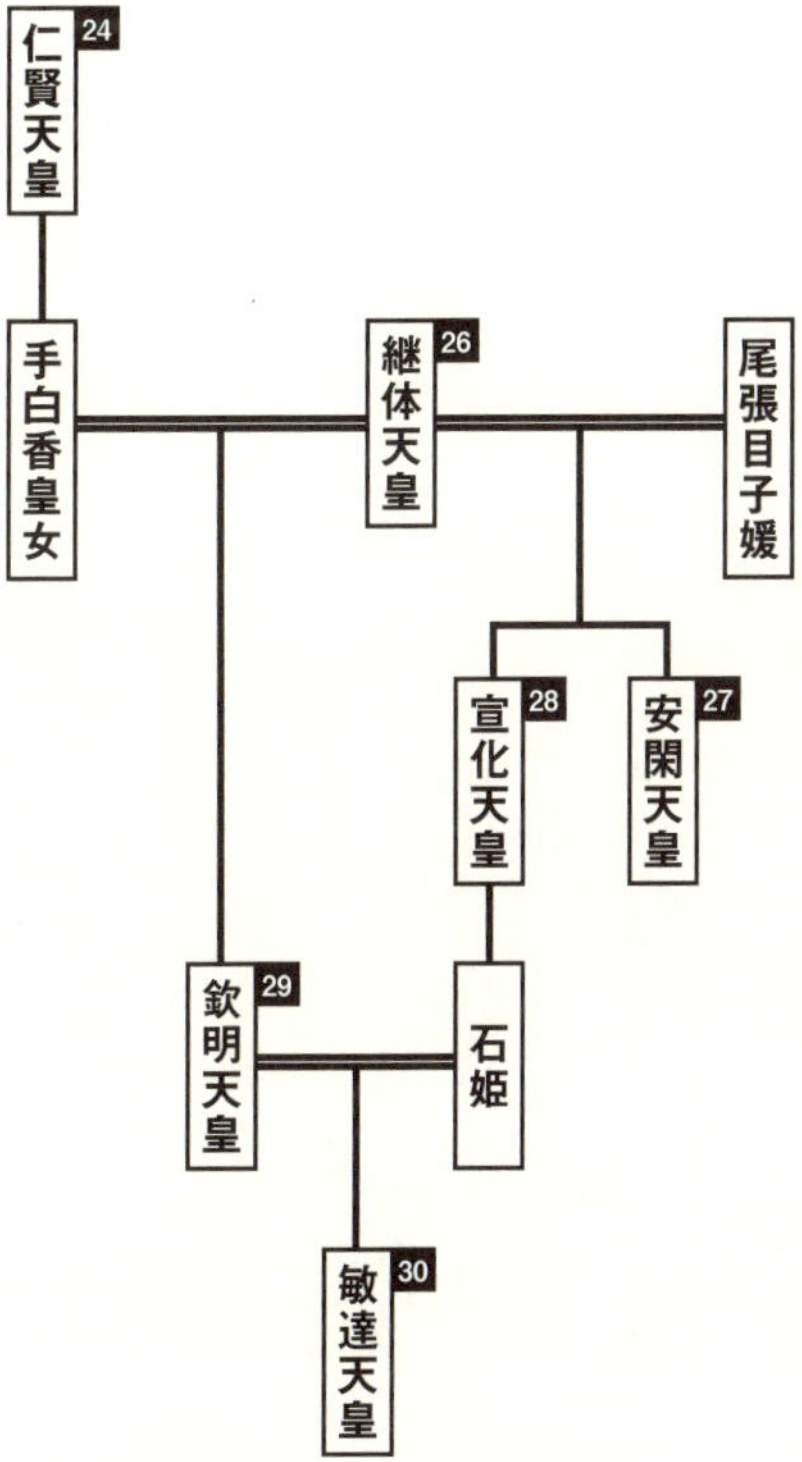

尾張氏出身の尾張目子媛との間に生まれた27代安閑天皇、28代宣化天皇に対して、29代欽明天皇は24代仁賢天皇の皇女・手白香皇女との間に生まれた嫡長子である。

『日本書紀』の注釈には、大王空位の時代をなくすために、継体天皇の没年を５３４年とするものもあるが、『百済本記』に辛亥の年（５３１年）に日本の天皇、皇太子、皇子が皆死んでしまったことが記述されていることから５３１年没としたとある。『日本書紀』によると、次代が即位するまでに約3年間の大王不在の時代を迎える。そして５３４年、27代安閑天皇が即位する。『日本書紀』では、大王位は最年長の27代安閑天皇から28代宣化天皇、そして29代欽明天皇へと順当に継承されたことになっているが、継体天皇の死去から欽明天皇即位に至る記録には異伝が多い。

さらに『上宮聖徳法王帝説《じょうぐうしょうとくほうおうていせつ》』や『元興寺伽藍縁起《がんごうじがらんえんぎ》』など仏教関連の書物に残された年代表記を信じると、５３２年に欽明天皇が即位したことになっており、安閑天皇や宣化天皇は即位していないことになる。

履中系統と允恭系統の最終決戦

こうした記録の混乱の解釈として導き出された説が、安閑天皇と欽明天皇が同時に大王となって王権が分裂した「二王朝並立説」である。継体天皇の死後、安閑・宣化擁立派と欽明擁立派が対立し、欽明擁立派が「辛亥《しんがい》の変」とも呼べるクーデターを決行して、大王に即位した。これに対して逃亡した安閑天皇も大王に即位し、２人の大王が同時に存在する二王朝並立の状態となったとする説だ。
この説が正しければ、安閑天皇と宣化天皇が在位した7年間、欽明天皇との二王朝並立時代が続いたことになる。なぜこれほどまでに長期にわたって両系統は対立したのか。『日本書紀』には「病床の継体天皇は安閑を即位させ、その日のうちに息を引き取った」との記述がある。これは当時の継承形態としては異例で、通常であれば豪族たちの推挙を得たのちに次期大王が決められた。ところが旧習にとらわれない新たなリーダーだった継体天皇は、それまでの「群臣合議制」ではなく「大王専制」を進め、独断で次期大王を決定してしまった。これに対して、ほかの皇子や豪族たちが猛反発し、クーデターへと発展したということだろう。

高屋築山古墳（大阪府羽曳野市）
古市古墳群にある安閑天皇陵で、これ以降、百舌鳥・古市古墳群で大王の陵墓がつくられることはなかった。

5世紀の倭の五王時代に起きた履中系統と允恭系統の争いは、7年間もの二王朝並立の時代を経て、539年に欽明天皇が即位したことでようやく終結したのである。

ヤマト王権に対抗した北部九州―新羅《しらぎ》連合

継体天皇が進めた交易ルートの変更

26代継体天皇への反発はヤマト王権内だけでなく、日本の諸勢力、さらには朝鮮半島をも巻き込んだ大規模な争乱へと発展する。倭の五王の時代、ヤマト王権は朝鮮半島南部への影響力を強め、5世紀後半から6世紀にかけて朝鮮半島南東部の任那では多くの前方後円墳が築かれるなど、ヤマト王権の勢力圏の一部ともいえるような状態だった。任那は百済と新羅に挟まれた小国であり、その後ろ盾にヤマト王権がついていた。

この任那における記述は、21代雄略天皇から29代欽明天皇に集中し、『日本書紀』では、任那日本府という出先機関があったことが記されている。この任那の出先期間に携わったのが、吉備氏や河内氏、北部九州といった瀬戸内海と大陸をつなぐルートの有力豪族である。

継体天皇による劇的な王統の交代は、任那がある朝鮮半島にも影響をもたらした。任

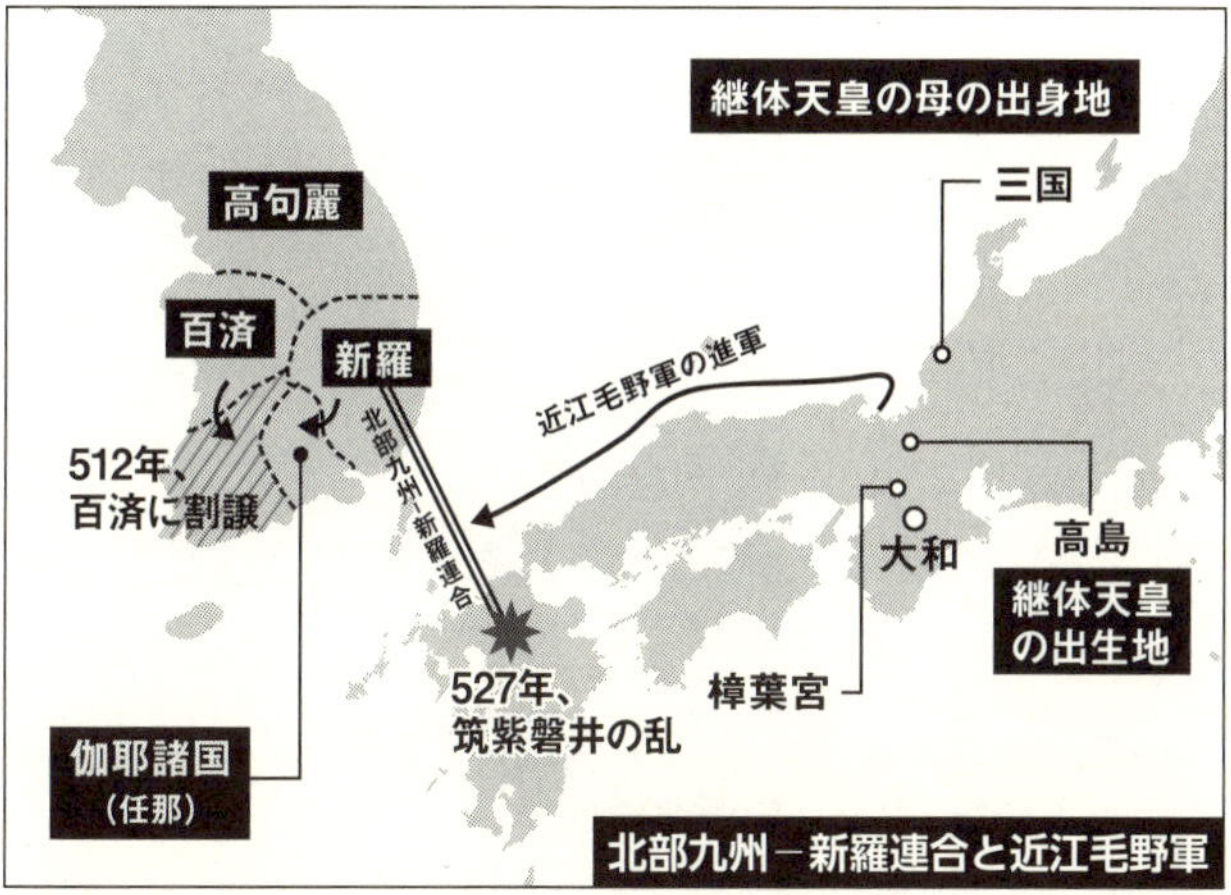

百済への任那４県の割譲をきっかけに、北部九州は継体天皇のヤマト王権に反旗を翻した。

那を巡っては、国境を接する新羅と、日本と同盟関係の百済が権益を争う係争地となっていた。そこにヤマト王権内での混乱が発生したのである。

５１２年、百済が任那西部の4県を割譲するようにヤマト王権に求めてきた。同盟関係にある百済からの申し出に継体天皇は同意した。これに不信感を抱いた任那は、百済のライバルである新羅に接近した。やがて新羅が任那の権益を拡大していくと、継体天皇は５２７年に近江毛野《おうみのけの》を将軍として軍隊を派遣した。

ところが筑紫国造の磐井《いわい》はヤマト王権に背いて密かに新羅と内通し、近江毛野軍の渡航を妨害。その一方で新羅の船を九州に引き入れ、物資を乗せた船を襲った。これ

今城塚古墳（大阪府高槻市）
26代継体天皇の陵墓と推測され、淀川の対岸には最初の宮となった樟葉宮があった。淀川を北上すれば琵琶湖に行きつき、父の出身地・高島を経て日本海側の越へとつながる。

が筑紫磐井の乱のはじまりである。継体天皇は物部麁鹿火を中心とした軍勢を九州に送ったが、戦いは約1年半にも及んだ。

なぜ筑紫磐井は反乱を起こしたのか。継体天皇の母の出身地は越、父の出身地は琵琶湖西岸の高島（滋賀県高島市）である。継体天皇が大和入りする前に宮を営んだのは、いずれも河内湾と琵琶湖をつなぐ水系の要衝である。さらに継体天皇が新羅に派遣した近江毛野も滋賀県の豪族である。

継体天皇は倭の五王の時代にメインの流通路となった瀬戸内海ルートから、自らの出身地である日本海ルートへ物流路を変更しようとした可能性が高い。このような状況で権益を失うことを恐れた九州の勢力が反継体連合を組んで、ヤマト王権に対抗したと考えられる。

『古事記』では物部麁鹿火に加えて大伴金村も九州に派遣されており、2人は継体天皇を擁立した軍事系氏族だ。筑紫磐井の乱に対してオール継体勢力ともいえる形で継体天皇は対応したのである。

朝鮮半島で起きた日本の豪族同士の戦い

令和2年（2020）、6世紀末〜7世紀初頭の船原古墳《ふなばる》（福岡県古賀市）近くの土坑から、玉虫の羽で装飾された金銅製の馬具が見つかった。同様の馬具は、朝鮮半島南東部の新羅の王陵クラスで出土した程度で、国内では見つかっていなかった。このことから、北部九州と新羅が密接な関係にあったことが裏付けられた。

同年、朝鮮半島でも全羅南道海南にある長鼓山古墳の調査が行われ、石室が九州沿岸部や有明海一帯で5〜6世紀に造成された石室墓の構造や祭祀形態など多くの点で一致していたことがわかった。北部九州は百済や新羅など朝鮮半島各国と独自の外交ルートを持っていたようだ。

『日本書紀』では「筑紫国造磐井」と記述されるが、『古事記』や『筑後国風土記』では「筑紫君」となっている。「国造」はヤマト王権が定めた官職であ

田中王塚古墳（滋賀県高島市）
琵琶湖西岸にある田中古墳群の中心となる古墳で、5世紀後半の造営。継体天皇の父の彦主人（ひこうし）王の王墓と伝わる。

光州月桂洞1号墳（韓国光州市）
朝鮮半島南東部には前方後円形の墳墓が多くあり、筑紫磐井の乱の戦死者の墓とする説もある。

るのに対して、「君」は地方の在地首長の意味合いが強い。紀元前から日本の先進地域であり続ける九州ではヤマト王権に対して半独立国のような状況が続いていたのだ。

磐井の墓とされる岩戸山古墳（福岡県八女市）は、墳丘長約138メートルもあり、同時代の大王墓に匹敵する規模である。敗軍のリーダーとして異例の大きさである。磐井はヤマト王権とは一線を画し、新羅と独自に外交関係を結ぶ九州連合政権の長だったのではないかと考えられる。

歴史学者の福永伸哉氏は、朝鮮半島南東部の栄山江《ヨンサンガン》・固城《コソン》地域で発見された前方後円形の古墳は、継体天皇の指示のもと、百済の支援のために現地で命を落とした豪族の墓という見方を示している。朝鮮半島は日本のさまざまな豪族たちが権益を争う代理戦争の地になったのである。

第6章

権勢を誇った五大豪族の興亡

皇后を輩出した古代最大の外戚《がいせき》・葛城《かずらき》氏

神功皇后や武内宿禰のモデルとなった氏族

ヤマト王権成立時から重要な地位にあり、5世紀の倭の五王の時代に履中天皇系統を支えたのが、葛城氏である。初代神武天皇とその後に続く欠史八代の9代の大王は、10代崇神天皇の王朝が成立する前の葛城王朝の大王たちとする説があるなど、葛城氏はヤマト王権内で最初に権勢を振るった豪族である。

奈良盆地の南西部は葛城地方と呼ばれ、奈良県と大阪府の境を南北に走る葛城山脈がある。この一帯を本拠とした葛城氏は、4世紀末から5世紀後半にかけて大王家に匹敵する実力を有していたといわれる。葛城氏の祖とされる葛城襲津彦《そつひこ》は、12代景行天皇から16代仁徳天皇までの歴代の大王に仕えた武内宿禰の子とされる。武内宿禰は300歳近くまで生きた伝説上の人物だが、武内宿禰が仕えた神功皇后や15代応神天皇などの後ろ盾になったのが葛城氏だった。宰相として大王に仕える武内宿禰は、葛城氏の歴代の

極楽寺ヒビキ遺跡（奈良県御所市）　毎日新聞社 提供
葛城山の高台で発見された５世紀の豪族の邸宅跡で、葛城氏の中枢施設だったと考えられる。葛城山には21代雄略天皇が葛城の神と狩りをしたエピソードが伝えられる。

氏長を象徴した人物といえるだろう。襲津彦は神功皇后、15代応神天皇、16代仁徳天皇の時代に朝鮮半島に派遣されている。

『日本書紀』によると、神功皇后の時代に襲津彦は新羅の捕虜を帰国させるために朝鮮半島へ向かうが、新羅の使者にだまされて人質に逃げられてしまった。これに怒った襲津彦は使者を焼き殺し、漢人らを捕虜として連れ帰って、四つの邑（桑原・佐糜《さび》・高宮・忍海《おしみ》）に住まわせたという。

捕虜たちは、大陸や半島の先進的な技術や文化を伝えたと考えられる。葛城氏の本拠地があった奈良県御所市の南郷遺跡群では高度な技術が必要な生産工房跡、渡来人集団の住居跡などが発見されている。葛城氏の権勢を示すような巨大な古墳も築かれている。襲津彦の墓と見られる宮山古墳は墳丘長約238メートルを誇り、全国18位の規模を誇る前方後円墳である。ヤマト王権の外交を担当した襲津彦は、渡来人や大陸の文物を掌握したことで、権勢はますます高まった。

襲津彦の娘である磐之媛《いわのひめ》は、16代仁徳天皇に嫁ぎ、その皇子は5世紀を牽引する17代履中天皇、18代反正天皇、19代允恭天皇となった。このうち、葛城氏は仁徳天皇を起点とする履中天皇系統の王統を支えた。大王家の外戚の地位を得た葛城氏は、16代仁徳天皇から24代仁賢天皇までの9代のうち、20代安康天皇をのぞく8代が葛城氏の女性を后妃か母としている。

大王と並ぶ権勢を誇った葛城円

天皇の外戚として権勢を振るうことはその後の日本の歴史の全期を通じて見られるが、葛城氏はその最初の豪族といえる。葛城氏は大王家に並ぶほどの実力を持っていたが、そのために対立も多くあった。

葛城氏は特に允恭天皇系統の王統から目の敵とされた。416年に大地震が発生した際には、襲津彦の孫の玉田宿禰が反正天皇の陵墓の管理を怠り、葛城に避難して酒宴を開き、さらに允恭天皇の使者を殺害するなどの不行もあったことから、允恭天皇によって討たれた。

特に葛城氏への弾圧ともいえる強硬姿勢をとったのが、21代雄略天皇である。456年、履中系統の眉輪王《まゆわ》は允恭系統の20代安康天皇（雄略天皇の兄）を殺害し、葛城円《つぶら》の邸宅に逃げ込んだ。雄略天皇によって邸宅を包囲された円は、娘の韓媛と葛城氏の直轄地（葛城宅七区）を差し出すことで許しを願い出たが、雄略天皇は邸宅に火を放って焼き殺した。

これにより葛城氏は歴史の舞台から消える。円の墓とされているのが、掖上鑵子塚《わきがみかんすづか》古墳（奈良県御所市）で、墳丘長約150メートルと巨大だが、本拠地だった御所市のはずれにあり、まるで隠されたかのように造営されている。

葛城氏と同じ手法で権勢を誇るようになったのが蘇我氏である。蘇我氏はヤマト王権初期からの氏族ではなく新興の勢力だったが、早期に権勢を握った背景には、葛城氏の後継豪族だったという見方もある。『日本書紀』で蘇我馬子が「葛城は我が一族の生まれ故郷である」といって33代推古天皇に葛城の地を相続することを願い出た。そのため、大和国葛城郡が蘇我氏の出自の地ではないかとも考えられている。

大王位の簒奪を画策した平群《へぐり》氏

新羅に遠征した軍事氏族

5世紀中頃に21代雄略天皇によって葛城氏が没落したあと、勢力を増したのが平群氏である。武内宿禰の後裔氏族で、大和国平群郡平群郷（奈良県生駒郡平群町）を本拠地とした。葛城氏と同じ武内宿禰の子孫にあたるわけだが、武内宿禰は28もの氏族の祖とされ、ヤマト王権内の有力豪族の多くは、武内宿禰の子孫となっている。これは氏族がヤマト王権内で権力を握る際の権威付けのために武内宿禰の子孫を自称したとも考えられる。『日本書紀』で武内宿禰と親子関係が明示されている氏族の祖は、平群木菟《つく》のみだが、武内宿禰の正統な流れかどうかは疑問が残る。

平群氏は軍事氏族だったようで、『日本書紀』では15代応神天皇の代から活躍する。応神天皇16年、葛城襲津彦が新羅に捕虜を帰国させようとした際、なかなか戻ってこなかったことから、新羅が妨害していると判断した応神天皇は、平群木菟と的戸田《いくはのとだの》を加羅

峯ノ阪遺跡（奈良県三郷町）
生駒山麓にある平群氏の邸宅跡。平群氏は役人としてヤマト王権に仕え、記紀の編纂にも携わっている。

に派遣した。国境まで行くと新羅の王が罪に服し、木菟と戸田は弓月《ゆづき》君の民や襲津彦とともに帰還した。

17代履中天皇の即位の際には、履中天皇の弟である住吉仲《すみのえのなかつ》皇子がクーデターを画策するが、木菟は事前にこの情報をつかんだ。木菟は物部大前《おおまえ》、阿知使主《あちのおみ》とともに履中天皇に忠告するが信じてもらえなかったので、3人は履中を拉致し無理やり脱出させた。履中天皇以降、平群氏はヤマト王権内の重要視族として存在感を示すようになり、葛城円らとともにヤマト王権を牽引した。

武烈天皇の暴虐とともに創作された平群氏

21代雄略天皇によって葛城氏は没落するが平群氏は重用され、木菟の子・真鳥《まとり》は、雄略天皇と次代の清寧天皇の時代に大臣を務め、平群氏の最盛期を築いた。24代仁賢天皇が死去すると、真鳥は次代の武烈のためにつくられた宮に勝手に住むなど、傍若無人な振る舞いをするようになった。

武烈は即位前に平群氏と並ぶほど勢力を伸ばしていた物部麁鹿火の娘・影媛《かげひめ》を妃に迎えようとした。ところが影媛は真鳥の子である鮪《しび》とすでに通じていた。そのため、武烈は大伴金村に命じて鮪を討ち、その一部始終を見ていた影媛は、「愛する夫（鮪）を失った」といって気を失ったという。その後、金村からの提案を受けて真鳥の討伐も命じ、真鳥は殺害された。これによって平群氏の嫡流は滅亡し平群氏はしばらくヤマト王権の中枢から外れる。

この背景には、平群氏が允恭系統を支えた氏族だった面がある。武烈天皇は履中系統であり、平群氏に対抗する物部氏や大伴氏といった軍事氏族と反平群連合を組んで、平群氏を追い落としたとする見方がある。

平群氏が再び歴史に登場するのは、約100年後の587年のことで、物部守屋《もりや》討伐

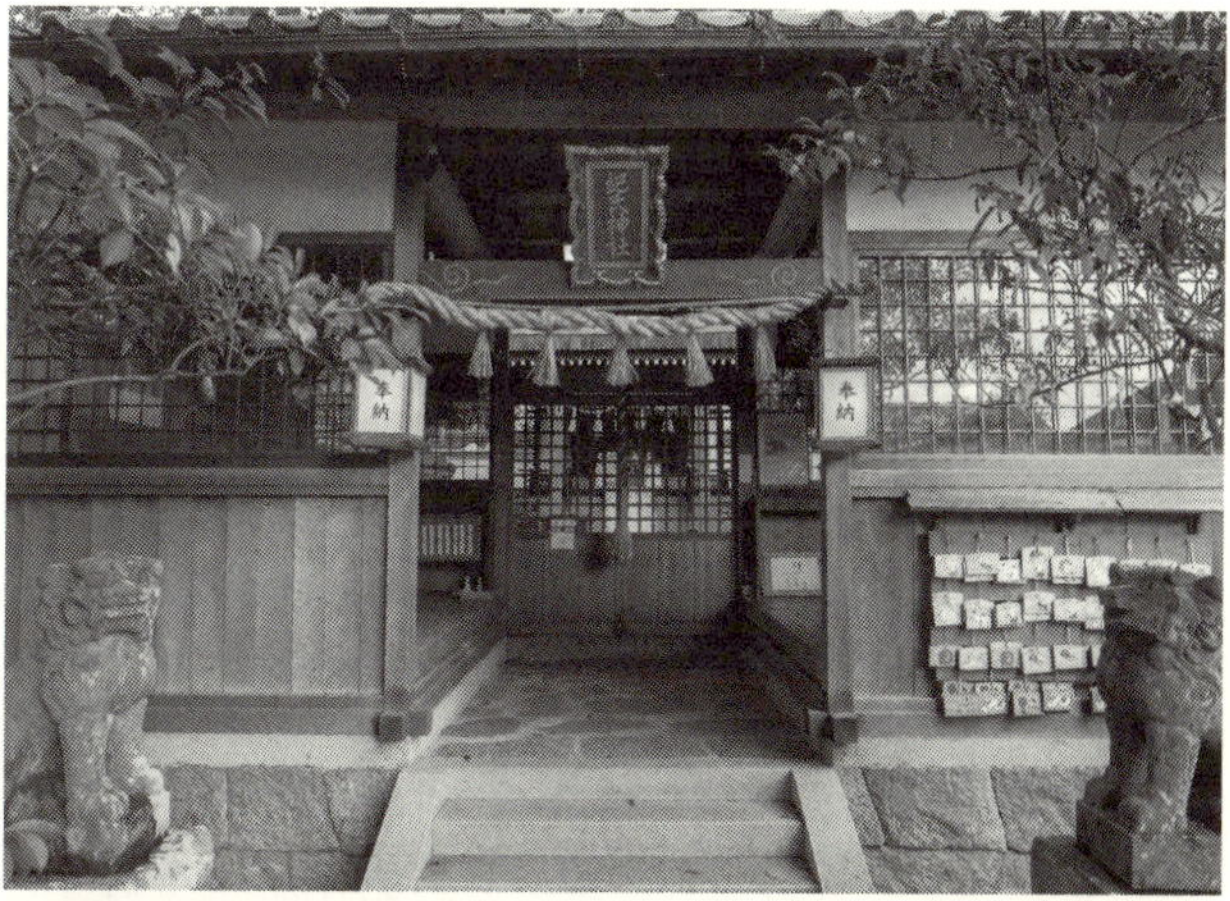

平群坐紀氏神社（大阪府平群町）
応神天皇の時代に活躍し、平群氏の事実上の祖である平群木菟を祀っていた神社で、平群氏の本拠地である生駒郡にある。

軍に平群神手《かむて》という人物が登場する。また、33代推古天皇の時代には、平群宇志《うし》が新羅征討軍の副将軍に任じられている。葛城氏に代わって、権勢をほしいままにした平群氏だったが、そのほかの名門氏族によって自らもまた没落し、元の一軍事氏族に戻ったことになる。

輝かしい事蹟に彩られた平群氏だが、平群氏の墓である平群谷古墳群は5世紀後半から7世紀にかけて造営されている。平群氏の木菟・真鳥・鮪などが活躍したのは5世紀後半までその後、没落している。奈良時代には平群宇志が『日本書紀』の編纂に携わっており、5世紀の平群氏の華々しい記録はこの時に書き加えられたと考えられる。

ヤマト王権の軍事部門を担った大伴《おおとも》氏

継体天皇擁立を成し遂げ政権の中枢に

「大伴」は「大きな伴造」という意味で、ヤマト王権直属の伴部（役人）を多く率いていたことが由来とされる。記紀では、天皇家の起源とともにヤマト王権の中枢を担う豪族や氏族の祖神も描かれている。大伴氏の祖神は、天孫ニニギとともに地上世界に降臨したアメノオシヒであり、ヤマト王権成立時からの名門氏族ということになる。子孫の道臣命《みちのおみのみこと》は神武東征の先鋒を務めるなど軍事氏族として起源を持ち、大伴氏の先祖は最高位の人物の道案内役として登場する。

大伴氏が歴史に登場するのは5世紀中頃の21代雄略天皇の時代である。雄略天皇は平群真鳥を大臣に、大伴室屋《むろや》と物部目《め》を大連に任命した。雄略天皇の死に際しては、大王から後事を託されるほど信頼されたという。雄略天皇が死去した直後、吉備氏出身の稚媛とその子である星川稚宮皇子が反乱した際には、これを速やかに鎮圧している。

帝塚山古墳(大阪府大阪市)
4世紀末から5世紀末に造営された前方後円墳で、大伴金村の墓所ともいわれる。

大伴氏の最盛期を築いたのは、室屋の孫である大伴金村だ。25代武略天皇の即位時に専横を振るっていた平群真鳥・鮪の父子を滅ぼす功績を上げる。そして、武烈天皇に皇子がいなかったため、物部麁鹿火とともに越からオオド王を迎えて26代継体天皇として即位させた。

その後、継体天皇の皇子だった27代安閑天皇、28代宣化天皇、29代欽明天皇に大連として仕えた。金村は継体天皇の最側近となり、筑紫磐井の乱といった難局に対応した。

金村は、継体天皇の二王朝並立時代には、安閑・宣化擁立派だった。そのため、29代欽明天皇の時代に失政を理由に物部尾《お》輿《こし》などから糾弾されて失脚した。

大伴氏は葛城氏や平群氏のように征討されていない。そのため、失脚後も金村の子の磐《いわ》・咋《くい》・挟手彦《さてひこ》らは大将軍や大夫などを務めた。大化5年（649）には大伴長徳《ながとこ》が右大臣に任じられた。

創作された名門氏族という虚像

天孫降臨に随行した神を祖とする名門氏族だったにもかかわらず、大伴氏の記述は5世紀中頃の雄略天皇の時代からだ。神武東征の道案内役から雄略天皇の時代まで、20代の間、ほぼ活躍がないというのは不自然である。実際には、室屋が大伴氏の政権内での基盤を築き、履中天皇系統と允恭天皇系統の王統対立の混乱の中で、継体天皇擁立を成功させた新興氏族というのが実際のところだろう。

有力豪族の多くは、氏族名が勢力地の地名となっているが、大伴氏の在地名はない。本拠地は摂津・和泉地方の沿岸地域（大阪湾沿岸部）と伝わるが、一方で、神武東征で功を挙げた道臣命が大和国高市郡築坂邑《つきさかむら》（奈良県橿原市）に宅地を授かったという記録もある。実際には、大伴氏の別邸があったことから、磯城・高市地方（奈良県橿原市・桜井市）に本拠を構えたと考えられる。ヤマト王権内の豪族の筆頭は、記紀においては葛城氏→平群氏→大伴氏と移行したことが記されている。大伴氏が征討した平群氏の活躍は、記紀編纂時に創作されたと考えられるが、大伴氏の天孫降臨の随行や神武東征のエピソードもまた6世紀頃につくられたとも考えられている。実際には、平群氏や大伴氏の5世紀の活躍の記述は、葛城氏の専横を否定し、8世紀以降の両氏族の正統性を主張するための創作と考えられる。

大伴狭手彦
大伴金村の三男で、欽明天皇の時代に将軍として朝鮮半島に渡り、多くの宝物を得て帰還したと伝わる。

ちなみに「令和」の元号は、奈良時代の大伴旅人《たびと》が『万葉集』の序文に記した「初春の令月にして、気淑《よ》く風和らぎ、梅は鏡前の粉を披《ひら》き、蘭は珮後《はいご》の香を薫らす」からとられている。子の家持《やかもち》は『万葉集』の編纂の中心人物とされ、自らも歌人として活躍している。

蘇我氏との権力闘争に敗北した物部《もののべ》氏

ヤマト王権内随一の名門氏族

大伴氏が新興豪族だった可能性が高いのに対して、大伴氏とともに26代継体天皇を擁立した物部氏は、歴史的にヤマト王権成立時からの名門氏族だったことがわかっている。物部氏の祖は、天孫ニニギ降臨前に地上世界にやってきたもう1人の天孫ニギハヤヒで、本拠地は大和国山辺郡、河内国渋川郡とされる。

『古事記』によると、ニギハヤヒはナガスネヒコの妹であるトミヤビメを妻とし、ウマシマジが生まれたとされる。物部氏は古代最大の豪族で、初期ヤマト王権を軍事面で支えた氏族だ。ヤマト王権の鉄器や兵器の製造・管理を行い、祭祀にも携わっていたとされる。初期ヤマト王権の大王は、神聖王と執政王の二面性があり二王並立説もあるが、物部氏はこの両方の性格を帯びた氏族だ。

物部氏は百済との関わりが深く、物部氏が管理した石上神宮（奈良県天理市）には、百済から贈られた七支刀が祀られている。物部系の人物は百済王朝内でも重用されたという。石上神宮に近接する布留《ふる》遺跡（奈良県天理市）からは大量のガラス製品片や玉類片が検出されており、遺跡内に大規模な工房があったと考えられ、刀剣の柄や鞘などの木製品に加え、鉄製品を作った鍛冶工房や、鉄製品の製作過程で出た残滓《ざんさい》も見つかっている。これらの発見から、物部氏が大陸の進んだ技術を取り入れていたことがわかる。

布留遺跡　共同通信社 提供
布留遺跡からは古代の工房跡や『日本書紀』に記述のある石上溝などが発見されている。

21代雄略天皇の時代に物部目が大連に任じられ、以後はこの地位を継承していく。5世紀以降、代々ヤマト王権の中枢に居続けた物部氏がさらなる隆盛を誇ったのが、大伴金村とともに26代継体天皇の擁立に貢献した物部麁鹿火である。筑紫磐井の乱を鎮圧するなど、政権基盤が盤石ではない継体天皇を軍事面で支えた。

協力体制をとっていた大伴氏と物部氏だったが、6世紀半ばになると対立するようになる。麁鹿火の没後に大連となった物部尾輿は、任那4県を百済に割譲した大伴金村を糾弾して失脚に追い込んだ。こうして一時的に物部氏の一強体制となった。この物部氏に対抗したのが、新興氏族の蘇我氏である。

新興氏族・蘇我氏との勢力争い

552年、百済王から29代欽明天皇に仏像と仏典が正式に日本に贈られた。それまで祭祀も司っていた物部氏は仏教を排除すべきと訴え、一方、渡来人と多くの交流を持つ蘇我氏は仏教を国の基礎に置くべきと主張した。この崇仏・排仏論争によって、物部氏と蘇我氏の対立が深まったことが『日本書紀』に記されている。しかし、近年では懐疑的な見方が出てきている。

百済王から正式に贈られた仏像と仏典を廃することは外交問題に発展する。そもそも物部氏は百済との関係が深く、仏教についても事前にある程度の知識はあったはずである。

では何が対立の原因だったのか。仏教伝来は、祭祀も司っていた物部氏の職掌のはずである。ところが欽明天皇が仏教の取り扱いに指名したのは蘇我氏だった。蘇我氏は各地のヤマト王権直轄領である屯倉の管理を行った新興氏族で、計算などが必要な職掌を担い多くの渡来人を抱えていた。そのため、蘇我氏が適任と判断したのだろう。

ヤマト王権内で権勢を増す蘇我馬子に対して、物部尾輿の子である守屋は巻き返しを図ろうとした。馬子の甥に当たる31代用明《ようめい》天皇が即位すると、尾輿は用明天皇の腹違いの弟である穴穂部《あなほべ》皇子を擁立する。ところが穴穂部皇子はさまざまな事件を起こした。それが原因で用明天皇が亡くなると、額田部《ぬかたべ》皇女（のちの33代推古天皇）は馬子に命じて、穴穂部皇子と物部守屋を征討した。これは丁未《ていび》の乱と呼ばれる。

蘇我氏は娘を次々と后妃に送り込んだが、物部氏は大王家との姻戚関係をほとんど結ばなかった。27代安閑《あんかん》天皇の妃となった宅媛《やかひめ》が数少ない例である。大王の外戚ではなかった物部氏は、次代大王の擁立に失敗したことで失脚したのである。

もっとも、物部氏と蘇我氏は当初協力関係にあり、姻戚関係を結んでいた。蘇我蝦夷は馬子と物部守屋の妹との間の子である。守屋の死後も物部氏は続いているので、馬子の敵は守屋だけだった可能性がある。

再評価される〝古代日本の悪役〟蘇我氏

財政を管理した優秀な官吏一族

古代史における最も悪役とされるのが、前代未聞の天皇殺害を行い、権勢を誇った蘇我氏である。蘇我氏の祖は武内宿禰とされるが、これは後世の後付けと考えられている。『古事記』では、武内（建内）宿禰の子である蘇我石川《いしかわ》が蘇我氏の初代にあたる。蘇我氏発祥の出身地は大和国高市郡曽我（奈良県橿原市）で、宗我坐宗我都比古《そがにますそがつひこ》神社が鎮座している。一方で、河内国石川郡（大阪府河南町）が出自の地という説もある。この説は蘇我氏が石川氏に改姓してからの主張で、自家を正統化させるために創作された可能性が高い。

『蘇我石川系図』では、石川以降に満智《まち》－韓子《からこ》－高麗《こま》とあり、朝鮮半島由来の名前があることから、蘇我氏が渡来人とする説がある。しかし、蘇我氏は渡来系氏族には通常与えられない「臣」の姓を与えられている。また渡来系氏族は全体の3割ほどを占めて

蘇我氏と大王家の関係

乙巳の変の前後には蘇我氏以外にも蘇我派の王族が殺害された。蘇我宗家は滅亡するが、大王家や藤原氏に血脈は受け継がれた。

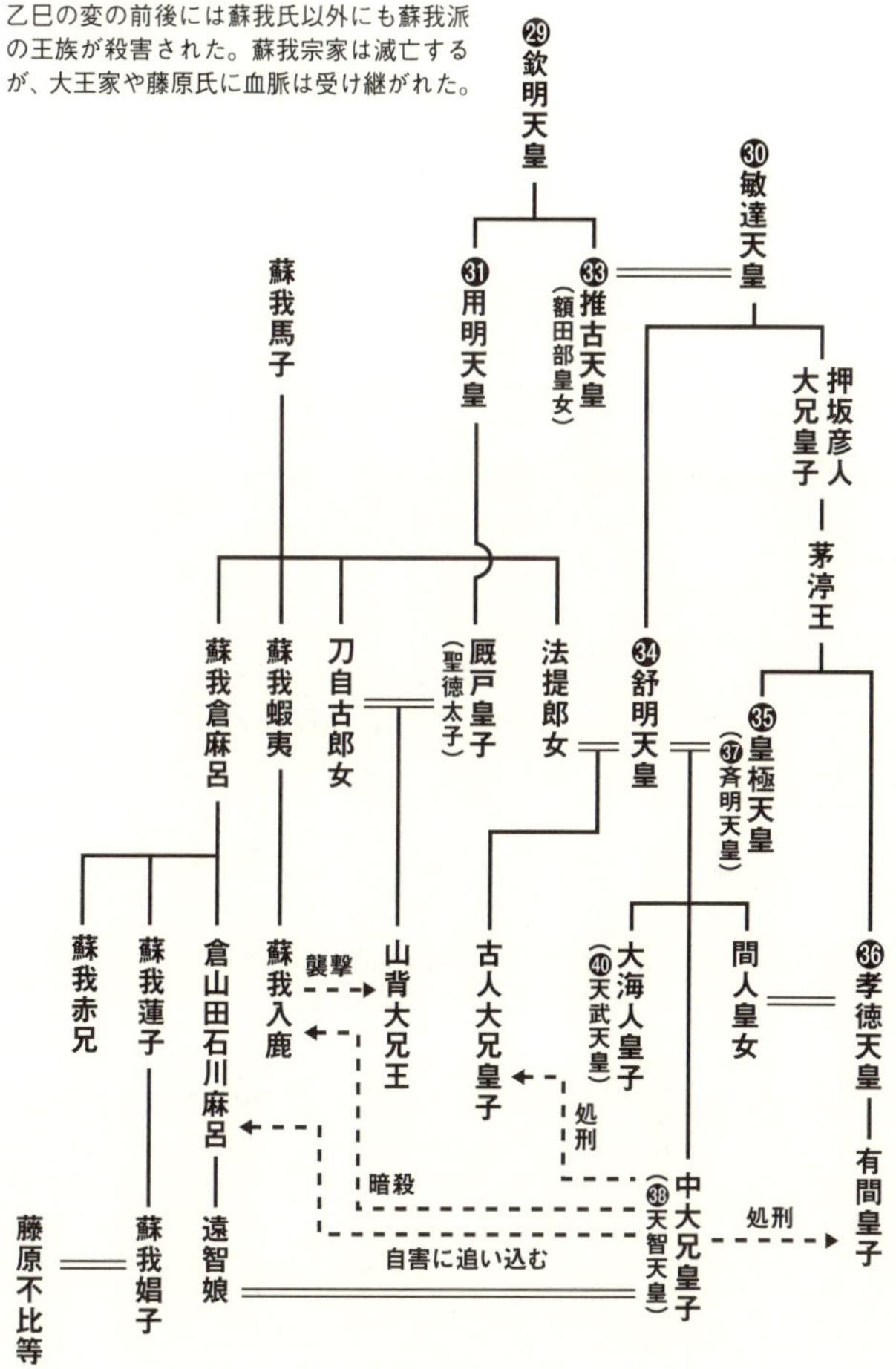

おり、取り立てて隠すようなものでもなかった。そのため、蘇我氏の先祖が渡来人だった可能性は低いだろう。

蘇我氏が歴史に登場するのは、5世紀中頃からである。『古語拾遺《こごしゅうい》』には、21代雄略天皇の時代に蘇我氏が三蔵《みつくら》（斎蔵《いみくら》・内蔵《うちつくら》・大蔵《おおくら》）の管理に携わったことが記されている。これはヤマト王権の財政官であり、高度な計算が必要なため渡来人を配下においた。継体天皇以降には、全国にヤマト王権の直轄地である屯倉が置かれるようになり、地方支配が進むが、これを推進したのも蘇我氏である。6世紀中頃の29代欽明天皇の時代には、蘇我稲目《いなめ》が吉備に派遣され屯倉の設置と管理に携わった。

馬子にはじまる蘇我氏の黄金時代

屯倉の管理で地盤を固めた蘇我氏は、稲目の子である馬子の時代に大臣となる。30代敏達《びだつ》天皇の時代に物部尾輿との対立を深め、その後丁未の乱で物部守屋一族を政権中枢から排除すると蘇我氏の権勢は揺るぎないものとなった。

丁未の乱後に即位したのが32代崇峻天皇である。馬子の最も大きな悪行がこの崇峻天皇の暗殺である。しかし、崇峻天皇は馬子の甥にあたり、取り立てて大きな殺害の動機はない。その背後には、33代推古天皇がいたことは間違いないだろう。天皇殺害という大罪を犯しながら馬子は罪に問われることなく、推古天皇の側近として厩戸皇子（聖徳太子）とともに手腕を発揮した。626年に馬子が亡くなると息子の蝦夷が大臣を継承し、さらに馬子の孫の入鹿もまた大臣となった。馬子・蝦夷・入鹿は、33代推古天皇から37代斉明天皇（35代皇極天皇重祚）までの5代4人の天皇のもとで政権運営に携わった。

蘇我氏の権勢を終わらせたのが、645年の乙巳《いっし》の変である。飛鳥板蓋宮《あすかいたぶきのみや》で中大兄皇子や中臣鎌足《かまたり》などによって入鹿が暗殺され、父の蝦夷は翌日に自害した。しかし、蝦夷が何も抵抗せずに自害したというのは不自然で、実際は殺害されたかとも思われる。

驚きの新説「蘇我蝦夷＝聖徳太子」説

乙巳の変で蘇我本家の蝦夷と入鹿は死んだが、これで蘇我氏自体が滅びたわけではない。実はクーデターには蘇我倉山田石川麻呂《くらやまだいしかわまろ》も参加し、改新政権では右大臣に任じられている。乙巳の変は蘇我氏の内部紛争といえる側面もあるのだ。

蘇我氏の婚姻政策は乙巳の変後も行われ、赤兄《あかえ》は娘を中大兄皇子と弟の大海人《おおあま》皇子（40代天武天皇）に嫁がせている。壬申《じんしん》の乱では大友《おおとも》皇子（39代弘文天皇）側に属したため失脚し、その後衰退するが、蘇我連子《むらじこ》の娘・娼子《しょうし》が藤原不比等《ふひと》に嫁ぎ、藤原摂関家にも蘇我氏の血脈が受け継がれた。

『日本書紀』の記述によって、蘇我氏は現代に至るまで悪役のレッテルを貼られ、教科書でも政権を専横した独裁者のように紹介されてきた。近年にはこうした歴史観を疑う声が出てくるようになり、蘇我氏は先進的な政策を積極的に進めた改革者であり、中大兄皇子と中臣鎌足はこれに危機感を抱いた反動勢力だったという見直し論もある。

蘇我氏を悪役に仕立てたのは、『日本書紀』を編纂した藤原不比等《ふひと》だといわれる。不比等は乙巳の変を起こした中臣鎌足の子であり、変を正当化する必要があった。そのために被害者側の蘇我氏を、「皇位を簒奪しようとした大悪人」に仕立てたのである。

蝦夷について、考古学者の前園実知雄氏は、蝦夷こそ聖徳太子だったとする説を出している。『日本書紀』には聖徳太子の多くの事績が載っている。その聖徳太子とともに改革を進めたのが蘇我氏だった。乙巳の変で蘇我氏を討った中大兄皇子をはじめとする反蘇我勢力にとっては蘇我氏の功績は不都合だ。そこで、功績は聖徳太子という人物に、悪行を蘇我氏に集約したというのだ。

平成31年（2019）、奈良県飛鳥村にある小山田遺跡が飛鳥時代最大級の方墳であることがわかり、蝦夷の墓とする説がある。小山田古墳は徹底的に破壊されたが、前園氏は小山田古墳が未完成だった可能性を指摘している。これも乙巳の変による政権の交代によって、墓の造営が妨害されたためだという。

第7章

記紀は歴史を改竄《かいざん》したのか

記紀は天皇だけの歴史書ではなかった

大王家と豪族の歴史が記された王朝史

初期ヤマト王権の最高権力者は、各地の豪族（王）たちの代表だったことから「大王」と呼ばれた。この盟主的な存在である大王が、絶対的な地位である「天皇」へと発展し、現在まで続いている。武力や経済力などによる優位性だけでは、時代ごとにほかの地域の王が勃興すれば王権が簒奪されてしまう恐れがある。そこで、いかに力を持っていようとも大王（天皇）にはなれないという条件をつけるために、「アマテラスの子孫」という統治者としての正統な血筋が条件とされた。

このことは王統断絶の危機の際の26代継体天皇の即位からも明白だ。継体天皇の血筋をわざわざ「応神天皇5世の孫」とし、王統の継続性を明確化する必要があった。前代と10親等も離れていても関係なく、王統につながれば問題ないわけである。

大王を盟主にした畿内の豪族連合としてスタートしたヤマト王権は、5世紀中には関東から九州まで日本列島を広く勢力下に置くまでになった。増加した傘下の豪族を統制するために、ヤマト王権は血縁と職能を基礎にした統治制度を発展させていった。記紀には多くの豪族の祖神が描かれ、その後の変遷が記されている。新たに登場する人物についてもその出自について記されている。

例えば、埼玉県行田市の稲荷山古墳から出土した鉄剣には、始祖オオヒコから持ち主のオワケ臣までの8代の系譜が刻まれている。5世紀頃には豪族たちはこうした詳細な出自伝承を持つようになっていった。

記紀は、単に大王家の正統性を示すためだけでなく、ヤマト王権に参画した有力豪族の正統性も伝えるものでもあった。こうした中で、さまざまな伝承を持つ豪族たちの歴史を一つのストーリーとして統一することは困難な作業だったに違いない。豪族たちの歴史の統合にあたって、辻褄を合わせることが必要になり、そこには創作や脚色が加えられたのである。

『古事記』が大王家のプライベートな歴史書としての側面が強いのに対して、正史である『日本書紀』はより正確さが求められる。『日本書紀』には、『古事記』にはない「一書《あるふみ》」という異伝が記されている。中には一つのエピソードに五つも六つも「一書」が掲載されている。ここには豪族たちへの配慮がうかがえる。

天武天皇による天皇暗殺の隠蔽工作

異常な量の記述がある『日本書紀』壬申紀

『日本書紀』は全30巻だがこのうち巻28の壬申紀はまるまる６７２年に起きた壬申の乱について記されている。また『日本書紀』は編年体（時系列ごとに出来事を記述）だが、壬申紀では、途中で過去にさかのぼるなど錯綜する。そのため、編纂段階から手が加えられたことが指摘されている。

天智天皇と弟の大海人皇子（40代天武天皇）については、巻27にも記述があるが、巻27と巻28には異なる記述もある。巻27では６７１年に天智天皇が病床につき、大海人皇子を呼び出して皇位継承の野心を探る。大海人皇子は野心がないことを告げて吉野に隠棲。この翌年に天智天皇は亡くなり、子の大友皇子が39代弘文天皇に即位したとある。

ところが巻28では、大海人皇子が天智天皇の病床を訪れたのは６６５年のことであり、ここでは天智天皇の謀略を蘇賀臣安麻侶《そがのおみやすまろ》から知らされた大海人皇子が吉野に脱出するストーリーになっている。

11世紀に編纂された『扶桑略記』には、天智天皇が山科に狩りに行ったまま行方不明になったことが記されており、実際に天智天皇の陵墓は京都市山科区にある。そのため、天智天皇は大海人皇子によって暗殺されたとする説もある。

巻28では、大海人皇子が病床を訪れたのが天智天皇が亡くなる6年前となっているのは、この天智暗殺を隠すためとも読み取れる。巻28の記述を信じれば、大友皇子のライバルとなる大海人皇子の吉野行きを許し、さらに吉野での大海人皇子の活動を見逃したことになり不自然だ。以上から、大海人皇子は天智天皇が死去する6年前からクーデター計画を進めており、672年に実行。天智天皇は山科方面に逃亡するが、命を落としたとも考えられる。

巻28では、その後起きた壬申の乱で、重臣たちが宮から逃げ出して1人となった大友皇子（弘文天皇）が「自ら縊《くび》れた」、すなわち首をくくったことになっている。しかし、その3日後の記述には将軍たちが首を斬って捧げたことが記されていることから、大友皇子は惨殺された可能性が高い。天武天皇（大海人皇子）は、2人の「天皇暗殺」を隠蔽し、壬申の乱はあくまでも自衛戦争で皇位簒奪の意図はなかったと主張するために、大幅に歴史を改竄したと考えられる。

女帝によってつくられた「アマテラス神話」

異例だった孫への皇位継承を正当化

壬申の乱における最も重要な人物が、大海人皇子の后であり、のちに41代持統天皇となる鸕野讃良《うののさらら》皇女である。鸕野讃良皇女は38代天智天皇の娘で大友皇子（39代弘文天皇）は腹違いの弟にあたる。天武天皇の死去後、持統天皇は事業を多く引き継いだことから、天武・持統朝を一つの時代区分にする場合もある。天武天皇と持統天皇は同じ陵墓（檜隅大内陵）に合葬されており、まさに二人三脚で政権を運営した。

鸕野讃良皇女は40代天武天皇の皇后というだけでなく、謀略に長けた人物だった。大海人皇子には４人の息子がおり、そのうちの１人が、鸕野讃良皇女が産んだ草壁皇子（次男）だ。そして、大海人皇子の子どものうち、血筋的に草壁王のライバルとなるのが、三男の大津皇子だった。６８６年に天武天皇が亡くなると鸕野讃良皇女はすぐに行動をはじめる。『日本書紀』によると、天武天皇死去の翌月、大津皇子に謀叛の疑いが浮上したため、持統天皇はすぐに軍を差し向け、大津皇子は弁明の機会も与えられず自害した。

磐石の体制を整えた鸕野讃良皇女だったが、その矢先に草壁皇子は、幼い軽《かる》皇子を残して亡くなってしまった。このとき、草壁皇子の腹違いの兄弟はいたが、鸕野讃良皇女は彼らに皇位継承をさせずに軽皇子を天皇にすべく、自ら即位し41代持統天皇となった。当時、天皇は少なくとも30歳以上の皇子から適任者を選ぶのが慣例だったが、そこまでの時間的な余裕はなかった。さらに天皇の皇子ではなく孫への皇位継承は前例がなかった。

そこで天武・持統から軽皇子への強引な譲位を実現するためにつくられたのが、アマテラスから地上の統治権を託されたという、記紀のニニギの神話である。記紀では、アマテラスが最初に子のアメノオシホミミを地上に向かわせようとするが失敗している。そのため、孫のニニギが最終的に指名される。即位から8年後、軽皇子が15歳になると持統天皇は譲位し、42代文武《もんむ》天皇が即位した。皇位の孫への継承の正統性を示したのが、アマテラス神話というわけである。

持統天皇の時代に伊勢神宮の第1回式年遷宮が行われたとされる。この式年遷宮における祭礼の様子は、天孫降臨を再現したものとも考えられている。

『日本書紀』は藤原氏によって改竄されたのか

明らかになった藤原不比等による改竄

天武・持統朝を経て、42代文武天皇の時代の大宝元年（701）に大宝律令が出され、天皇を中心とした律令国家が誕生した。これによって、ヤマト王権では独自の勢力だった中央の有力豪族は、朝廷に仕える貴族へと変わった。その中で、繁栄したのが天皇家の外戚の地位を得た藤原氏である。

藤原氏は、中臣鎌足が亡くなる直前に38代天智天皇から賜った姓で、鎌足の出身地である大和国高市郡藤原（奈良県明日香村）に由来する。鎌足の子・不比等は蘇我連子の娘・娼子を妻に迎えた。これによって7世紀に権勢を誇った蘇我氏の地位を受け継ぎ、不比等は正統性と権力を併せ持つ存在となった。中臣氏の者たちは藤原姓を称していたが、不比等以外は中臣姓に戻された。不比等は朝廷内で唯一無二の権力者となったのである。

不比等は大宝律令や『日本書紀』の編纂に携わったが、不比等によって『日本書紀』の内容が改竄されたことが指摘されている。すでに明らかになっている改竄の一つに、いわゆる大化の改新の詔《みことのり》（天皇からの告示）がある。昭和42年（１９６７）に藤原宮から出土した木簡の解析により、改新の詔にある「郡」という行政単位は当時使われておらず、その時代は「評」と呼ばれていた。「郡」が使われるようになったのは、大宝律令が出された７０１年以降であることがわかったからだ。そのため、改新の詔は不比等の時代に書き換えられたものと考えられる。

改竄はそのほかにも多くある。42代文武天皇は天武天皇の孫だが、母は天智天皇の皇女（43代元明天皇）である。この文武天皇の后となったのが、藤原不比等の娘・宮子である。文武天皇と宮子の子である首皇子《おびと》（45代聖武《しょうむ》天皇）は、天智天皇の系統と藤原氏が結びついた存在だ。『日本書紀』では中大兄皇子（天智天皇）と中臣鎌足が飛鳥寺の蹴鞠《けまり》の会でドラマティックな出会いをするが、これも天智天皇と藤原氏の結びつきを象徴するエピソードとして挿入された。悪逆として記された蘇我氏をはじめ、７世紀から８世紀初頭にかけての価値観や権力者の思惑が、『日本書紀』に影響を与えているのである。

✣主な参考文献

『出雲古代史論攷』瀧音能之　岩田書院
『封印された古代史の謎大全』瀧音能之　青春出版社
『古代日本の実像をひもとく出雲の謎大全』瀧音能之　青春出版社
『図説 出雲の神々と古代日本の謎』瀧音能之　青春出版社
『巨大古墳の古代史 新説の真偽を読み解く』瀧音能之 監修　宝島社
『古墳で読み解く日本の古代史』瀧音能之 監修　宝島社
『日本の古代豪族 発掘・研究最前線』瀧音能之 監修　宝島社
『日本の古代史 ヤマト王権』瀧音能之 監修　宝島社
『古代史再検証 邪馬台国とは何か』瀧音能之 監修　宝島社
『CGでよみがえる古代出雲王国』瀧音能之 監修　宝島社
『最新発掘調査でわかった「日本の神話」』瀧音能之 監修　宝島社
『完全図解 日本の古代史』瀧音能之 監修　宝島社
『最新調査でわかった日本の古代史 完全保存版』瀧音能之 監修　宝島社
『最新学説で読み解く 日本の古代史』瀧音能之 監修　宝島社
『古代史の定説を疑う』瀧音能之、水谷千秋 監修　宝島社
『古代の出雲事典』瀧音能之　新人物往来社
『倭国乱る』国立歴史民俗博物館　朝日新聞社
『ここまでわかった！古代豪族のルーツと末裔たち』歴史読本編集部 編　新人物往来社
『争乱の日本古代史』山岸良二、松尾 光　新人物往来社
『古代豪族と大王の謎』水谷千秋　宝島社
『謎の大王 継体天皇』水谷千秋　文藝春秋

『謎の豪族 蘇我氏』水谷千秋　文藝春秋
『継体天皇と朝鮮半島の謎』水谷千秋　文藝春秋
『仁徳天皇陵と巨大古墳の謎』水谷千秋 監修　宝島社
『卑弥呼とヤマト王権』寺沢 薫　中央公論新社
『倭国 古代国家への道』古市 晃　講談社
『消された王権 尾張氏の正体』関 裕二　PHP研究所
『古代日本列島の謎』関 裕二　講談社
『古代日向・神話と歴史の間』北郷泰道　鉱脈社
『海の向こうから見た倭国』高田貫太　講談社
『国立歴史民俗博物館研究報告』第211~232集　国立歴史民俗博物館
『考古学から見た日本の古代国家と古代文化』大阪府立近つ飛鳥博物館
『カラー版 地形と地理でわかる神社仏閣の謎』古川順弘、青木 康　宝島社
『カラー版 地形と地理でわかる京都の謎』青木 康、古川順弘　宝島社
『カラー版 地形と地理でわかる日本史の謎』小和田哲男 監修　宝島社
『天皇と古代史』宝島社
『図解 聖地伊勢・熊野の謎』荒俣 宏 監修　宝島社
『古代史の謎 ここまで解明された「空白の時代」』洋泉社
『倭の五王 王位継承と五世紀の東アジア』河内春人　中央公論新社
『古代史の謎は「海路」で解ける』長野正孝　PHP研究所
『古墳とヤマト政権』白石太一郎　文藝春秋
『ヤマト王権『シリーズ日本古代史2』』吉村武彦　岩波書店

監修　瀧音能之　たきおと・よしゆき

1953年生まれ。元駒澤大学文学部歴史学科教授。著書・監修書に『出雲古代史論攷』（岩田書院）、『図説 出雲の神々と古代日本の謎』（青春出版社）、別冊宝島『日本の古代史 ヤマト王権』『完全図解 日本の古代史』『完全図解 邪馬台国と卑弥呼』、宝島社新書『巨大古墳の古代史 新説の真偽を読み解く』、TJ MOOK『最新学説で読み解く 日本の古代史』『古墳で読み解く日本の古代史』（以上、宝島社）などがある。

編集・執筆協力　青木 康（杜出版株式会社）
本文デザイン・DTP　川瀬 誠
図版協力　杜出版株式会社
写真協力　共同通信社
毎日新聞社
朝日新聞社
アフロ
PIXTA
国立国会図書館

宝島社新書

隠された古代史
記紀から消された古代豪族
（かくされたこだいし　ききからけされたこだいごうぞく）

2024年11月23日　第1刷発行
2025年 3 月12日　第2刷発行

監　修　瀧音能之
発行人　関川 誠
発行所　株式会社宝島社
〒102-8388 東京都千代田区一番町25番地
電話・編集　03-3239-0928
営業　03-3234-4621
https://tkj.jp
印刷・製本　中央精版印刷株式会社

ISBN 978-4-299-06178-2